프리미어 프로 & 영상 편집 패턴 300

모온 컴퍼니 지음

BM (주)도서출판 성안당

본문에 사용된 소스 파일은 (주)성안당 홈페이지(www.cyber.co.kr)에 회원 가입 후 로그인한 상태에서 [자료실]–[자료실]로 이동하여 도서명 일부(영상 편집 패턴)를 입력하여 검색 후 다운로드가 가능합니다.

PREFACE
머리말

불과 5~6년 전부터 디지털 카메라와 스마트폰, SNS 등이 활성화되면서 많은 분들이 사진에 관심을 갖고, 사진에 관련해서는 수준급으로 실력이 높아졌습니다. 또한, 고화질 동영상을 촬영할 수 있고 유튜브 플랫폼에 영상을 쉽게 공유하고 볼 수 있게 되었기 때문에 사진 촬영과 같이 영상 촬영도 어렵지 않게 많이 하는 추세입니다.

영상 작업에는 사진보다 더 많은 요소들이 필요합니다. 물론 기본적인 영상 컷 편집 작업 과정인 영상을 자르고, 붙이고, 복사하여 장면 전환 효과를 적용하는 방법은 프로그램을 몇 번 사용해 봤다면 쉽게 할 수 있는 작업 과정입니다. 하지만 디테일하면서 완성된 영상을 만들기 위해서는 다양한 영상 편집 소스를 이용한 작업 패턴을 이해해야 합니다.

만약 유튜브 영상을 만든다면 사람들의 관심과 시선을 유지해야 하므로 보다 다양한 요소들이 필요합니다. 또한 전문적으로 영상 작업을 하기 위해서는 기획, 연출, 스토리, 편집, 효과, 자막, 사운드 등 여러 가지를 고려해야 합니다. 이 책은 영상 분야에서 필요한 영상 기획, 스토리, 촬영, 편집을 다루지는 않습니다. 하지만 영상에서 꼭 필요한 요소가 되고 있는 컬러 보정, 디자인, 자막 등을 쉽게 만들 수 있도록 도와줍니다.

영상 컬러 보정이나 프레임 디자인, 자막 등과 같은 요소들은 디자인 영역에 조금 더 가깝습니다. 처음 영상 작업을 시작할 때 디자인 작업을 해 보지 않은 사용자는 작업하기 어려운 요소입니다. 예를 들어 다른 영상의 색감이나 자막 디자인을 보았을 때는 좋아 보이는데, 막상 내가 직접 작업을 진행하면 별로일 때가 있습니다. 바로 이 부분이 디자인 영역에 속하기 때문에 디자인을 처음 해 보는 사용자들이 자연스럽게 겪게 되는 어려운 작업 과정입니다.

이 책에서는 영상 편집에 필요한 다양한 기본 소스들을 제공하여 보다 쉽게 컬러 보정 및 자막, 디자인 등을 영상에 적용해 볼 수 있습니다. 또한 다양한 소스들을 제공하여 연출적인 관점, 편집자적인 관점에서 직접 영상과 디자인을 결합해 볼 수 있도록 하였습니다. 기본으로 제공하는 영상 편집 소스를 미리보기에서 확인한 다음 편집 소스를 내 영상에 적용해 보세요.

영상 편집 소스를 이용해 영상의 색 보정, 자막 편집, 디자인과 결합하는 과정에서 영상 작업에 흥미를 느낄 수 있는 것은 물론 빠른 영상 작업, 멋진 영상을 만들 수 있게 도와줄 것입니다.

모온 컴퍼니

소스 사용편

이 책에서 제공하는 분야별 소스를 미리보고, 영상에 적용하는 방법을 소개합니다.
바로 보고, 바로 사용할 수 있는 방법을 알아보세요.

영상 제작편

프리미어 프로나 애프터 이펙트를 이용하여 영상을 제작하는 방법을 소개합니다.
직접 따라하면서 원하는 형태의 영상을 제작해 보세요.

CONTENTS
목차

PART 1
영상 편집의 시작, 영상 컬러 디자인

PART 2
영상 레이아웃 & 프레임 디자인

PART 3
커뮤니케이션을 위한 자막 기본

PART 4
문장형 자막 & 가독성 디자인

PART 5
대사 & 내레이션 바 디자인

PART 6
예능 그래픽 영상 디자인

VIDEO EDITING PATTERN

PROCESS
작업 과정

PART

1

영상 편집의 시작, 영상 컬러 디자인

분위기를 변화시키는

영상 컬러 보정하기

CHAPTER | Color Calibration |

영상 편집의 시작은 바로 영상 컬러를 보정하는 작업부터 시작합니다. 여기서는 엄선된 100종의 영상 보정 효과를 제공하고 있으며, 사용자가 원하는 보정 효과만 클릭하면 간단하게 영상 컬러를 보정할 수 있습니다.

영상의 색이 가지고 있는 이야기

영상의 색은 시간에 많은 영향을 받습니다. 새벽에는 푸른색. 정오에는 노란색, 저녁에는 붉은색을 나타냅니다. 또한 색은 장소에도 영향을 많이 받습니다. 형광등이 있는 집 안에서는 푸른색. 전구 조명이 있는 커피숍과 같은 장소에서는 붉은 색감의 영상이 됩니다. 우리는 경험에 의한 색을 통해서 다양한 느낌을 전달 받기 때문에 색을 잘 다루면 다른 장소, 다른 시간. 다른 느낌을 연출할 수 있습니다. 이 책에서는 100종의 색 보정 데이터를 제공합니다. 촬영한 영상 데이터를 이용해서 100가지 이상의 이야기를 담아낼 수 있습니다.

원본 영상

컬러 보정 디자인

부록 소스에서 제공되는 엄선된 100종의 영상 보정 효과를 Lut(*.cube) 파일 포맷으로 제공합니다.

01 PART1 폴더\GettingStarted_Lut_01

02 PART1 폴더\GettingStarted_Lut_02

03 PART1 폴더\GettingStarted_Lut_03

04 Part1 폴더\GettingStarted_Lut_04

05 PART1 폴더\GettingStarted_Lut_05

06 PART1 폴더\GettingStarted_Lut_06

07 PART1 폴더\GettingStarted_Lut_07 📥

08 PART1 폴더\GettingStarted_Lut_08 📥

09 PART1 폴더\GettingStarted_Lut_09 📥

10 PART1 폴더\GettingStarted_Lut_10 📥

11 PART1 폴더\GettingStarted_Lut_11 📥

12 PART1 폴더\GettingStarted_Lut_12 📥

16 PART1 폴더\GettingStarted_Lut_16 ⬇

13 PART1 폴더\GettingStarted_Lut_13 ⬇

17 PART1 폴더\GettingStarted_Lut_17 ⬇

14 PART1 폴더\GettingStarted_Lut_14 ⬇

18 PART1 폴더\GettingStarted_Lut_18 ⬇

15 PART1 폴더\GettingStarted_Lut_15 ⬇

19 PART1 폴더\GettingStarted_Lut_19

22 PART1 폴더\GettingStarted_Lut_22

20 PART1 폴더\GettingStarted_Lut_20

23 PART1 폴더\GettingStarted_Lut_23

21 PART1 폴더\GettingStarted_Lut_21

24 PART1 폴더\GettingStarted_Lut_24

25 PART1 폴더\GettingStarted_Lut_25 ⬇

26 PART1 폴더\GettingStarted_Lut_26 ⬇

27 PART1 폴더\GettingStarted_Lut_27 ⬇

28 PART1 폴더\GettingStarted_Lut_28 ⬇

29 PART1 폴더\GettingStarted_Lut_29 ⬇

30 PART1 폴더\GettingStarted_Lut_30 ⬇

31 PART1 폴더\GettingStarted_Lut_31 ⬇

32 PART1 폴더\GettingStarted_Lut_32 ⬇

33 PART1 폴더\GettingStarted_Lut_33 ⬇

34 PART1 폴더\GettingStarted_Lut_34 ⬇

35 PART1 폴더\GettingStarted_Lut_35 ⬇

36 PART1 폴더\GettingStarted_Lut_36 ⬇

40　PART1 폴더\GettingStarted_Lut_40 📥

37　PART1 폴더\GettingStarted_Lut_37 📥

41　PART1 폴더\GettingStarted_Lut_41 📥

38　PART1 폴더\GettingStarted_Lut_38 📥

42　PART1 폴더\GettingStarted_Lut_42 📥

39　PART1 폴더\GettingStarted_Lut_39 📥

영상 색감 보정

프레임 디자인

키워드 자막

유튜브 스타일 자막

바 디자인

스티카이프 디자인

43 PART1 폴더\GettingStarted_Lut_43 ⬇

46 PART1 폴더\GettingStarted_Lut_46 ⬇

44 PART1 폴더\GettingStarted_Lut_44 ⬇

47 PART1 폴더\GettingStarted_Lut_47 ⬇

45 PART1 폴더\GettingStarted_Lut_45 ⬇

48 PART1 폴더\GettingStarted_Lut_48 ⬇

52　PART1 폴더\GettingStarted_Lut_52 ⬇️

49　PART1 폴더\GettingStarted_Lut_49 ⬇️

53　PART1 폴더\GettingStarted_Lut_53 ⬇️

50　PART1 폴더\GettingStarted_Lut_50 ⬇️

54　PART1 폴더\GettingStarted_Lut_54 ⬇️

51　PART1 폴더\GettingStarted_Lut_51 ⬇️

영상 색상 편집

프레임 디자인

키워드 지식

유튜브 스타일 지식

바 디자인

스타카이로드 디자인

55 PART1 폴더\GettingStarted_Lut_55 📥

56 PART1 폴더\GettingStarted_Lut_56 📥

57 PART1 폴더\GettingStarted_Lut_57 📥

58 PART1 폴더\GettingStarted_Lut_58 📥

59 PART1 폴더\GettingStarted_Lut_59 📥

60 PART1 폴더\GettingStarted_Lut_60 📥

61 PART1 폴더\GettingStarted_Lut_61 ⬇

62 PART1 폴더\GettingStarted_Lut_62 ⬇

63 PART1 폴더\GettingStarted_Lut_63 ⬇

64 PART1 폴더\GettingStarted_Lut_64 ⬇

65 PART1 폴더\GettingStarted_Lut_65 ⬇

66 PART1 폴더\GettingStarted_Lut_66 ⬇

67   PART1 폴더\GettingStarted_Lut_67 ⬇

70   PART1 폴더\GettingStarted_Lut_70 ⬇

68   PART1 폴더\GettingStarted_Lut_68 ⬇

71   PART1 폴더\GettingStarted_Lut_71 ⬇

69   PART1 폴더\GettingStarted_Lut_69 ⬇

72   PART1 폴더\GettingStarted_Lut_72 ⬇

76   PART1 폴더\GettingStarted_Lut_76 📥

73   PART1 폴더\GettingStarted_Lut_73 📥

77   PART1 폴더\GettingStarted_Lut_77 📥

74   PART1 폴더\GettingStarted_Lut_74 📥

78   PART1 폴더\GettingStarted_Lut_78 📥

75   PART1 폴더\GettingStarted_Lut_75 📥

79 PART1 폴더\GettingStarted_Lut_79 ⬇

80 PART1 폴더\GettingStarted_Lut_80 ⬇

81 PART1 폴더\GettingStarted_Lut_81 ⬇

82 PART1 폴더\GettingStarted_Lut_82 ⬇

83 PART1 폴더\GettingStarted_Lut_83 ⬇

84 PART1 폴더\GettingStarted_Lut_84 ⬇

85 PART1 폴더\GettingStarted_Lut_85 ⬇️

86 PART1 폴더\GettingStarted_Lut_86 ⬇️

87 PART1 폴더\GettingStarted_Lut_87 ⬇️

88 PART1 폴더\GettingStarted_Lut_88 ⬇️

89 PART1 폴더\GettingStarted_Lut_89 ⬇️

90 PART1 폴더\GettingStarted_Lut_90 ⬇️

91 PART1 폴더\GettingStarted_Lut_91 ⬇

92 PART1 폴더\GettingStarted_Lut_92 ⬇

93 PART1 폴더\GettingStarted_Lut_93 ⬇

94 PART1 폴더\GettingStarted_Lut_94 ⬇

95 PART1 폴더\GettingStarted_Lut_95 ⬇

96 PART1 폴더\GettingStarted_Lut_96 ⬇

97 PART1 폴더\GettingStarted_Lut_97 ⬇

98 PART1 폴더\GettingStarted_Lut_98 ⬇

99 PART1 폴더\GettingStarted_Lut_99 ⬇

100 PART1 폴더\GettingStarted_Lut_100 ⬇

한 번에 쉽게!
영상 색상 보정 소스 사용하기

CHAPTER | Lumetri Color |

색 보정 작업을 할 수 있는 Lut(Cube) 파일을 영상에 적용하는 방법을 알아보겠습니다. 이 책에서 제공하는 Lut 파일을 선택하여 영상의 컬러를 보정하는 방법에 대해 알아봅니다. 영상 필터 미리보기(15~31쪽)를 확인하고 영상 보정 효과를 선택하면 원하는 컬러로 한번에 영상 보정이 가능합니다.

· **예제파일 :** PART1\Street.mp4, GettingStarted_Lut_01~100.cube

01 프리미어 프로에서 〈New Project〉 버튼을 클릭한 다음 New Project 대화상자가 표시되면 〈OK〉 버튼을 클릭합니다. Project 패널을 더블클릭합니다. Import 대화상자가 표시되면 PART1 폴더에서 'Street.mp4' 파일을 선택하고 〈열기〉 버튼을 클릭합니다.

02 메뉴에서 **Window → Lumetri Color**를 실행하여 Lumetri Color 패널을 활성화합니다. 이때, Timeline 패널에서 색 보정 작업을 진행할 클립을 선택하면 Lumetri Color가 활성화되는 것을 확인할 수 있습니다.

▲ Window → Lumetri Color

▲ Lumetri Color 패널

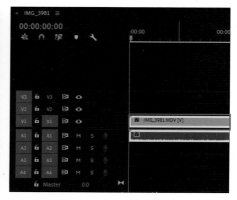

▲ Timeline 패널에서 영상 클립을 선택

03 Lumetri Color 패널에서 Basic Correction → Input LUT의 None 을 클릭하여 'Browse'로 지정합니다. Select a LUT 대화상자가 표시 되면 PART1 폴더에서 'GettingStarted_Lut' 파일들을 하나씩 선택 하면 영상의 색이 바뀌는 것을 확인할 수 있습니다.

TIP • 본문에 사용된 소스 파일은 (주)성안당 홈페이지(www.cyber.co.kr)에 회원 가입 후 로그인한 상태에서 [자료실]–[자료실]로 이동하여 도서명 일부(영상 편집 패턴)를 입력하여 검색 후 다운로드가 가능합니다.

▶ Input LUT → Browse로 지정

04 원본 영상과 비교하면 색이 바뀌는 모습을 확인할 수 있습니다.

▲ 원본 영상의 모습

▲ GettingStarted_Lut_03 소스를 선택한 모습

▲ GettingStarted_Lut_100 소스를 선택한 모습

컬러보다 강렬하게
흑백 영상 제작하기

CHAPTER | Black & White |

프리미어 프로에서 직접 소스 파일을 흑백 영상으로 만들고 다양한 느낌의 흑백 영상으로 보정하는 방법에 대해 알아보겠습니다.

· 예제파일 : PART1\L1004317.jpg   · 완성파일 : PART1\Black&White.prproj

01 프리미어 프로에서 〈New Project〉 버튼을 클릭한 다음 New Project 대화상자가 표시되면 〈OK〉 버튼을 클릭합니다. Project 패널을 더블클릭합니다. Import 대화상자가 표시되면 PART1 폴더에서 'L1004317.jpg' 파일을 선택하고 〈열기〉 버튼을 클릭합니다.

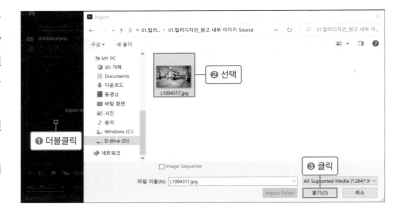

02 Project 패널에 소스가 위치합니다. Timeline 패널로 드래그하여 소스를 편집할 수 있게 배치합니다.

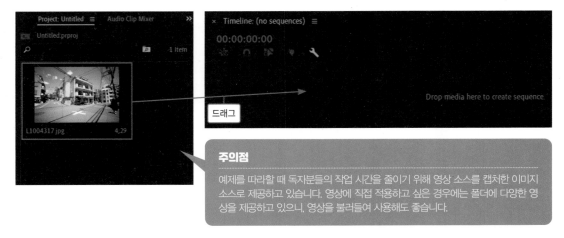

주의점

예제를 따라할 때 독자분들의 작업 시간을 줄이기 위해 영상 소스를 캡처한 이미지 소스로 제공하고 있습니다. 영상에 직접 적용하고 싶은 경우에는 폴더에 다양한 영상을 제공하고 있으니, 영상을 불러들여 사용해도 좋습니다.

03 Timeline 패널에 클립이 표시됩니다. 흑백 효과를 적용하기 위해 메뉴에서 **Window → Effects**를 실행하여 Effects 패널을 표시합니다.

04 Effects 패널의 효과 검색 창에 'Black & White'를 검색하면 Video Effects → Image Control → Black & White 효과가 표시됩니다. 'Black & White' 효과를 Timeline 패널의 'L1004317.jpg' 클립으로 드래그하면 흑백 효과가 적용됩니다.

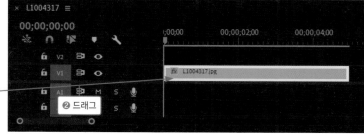

05 흑백 효과를 다양한 형태로 설정하기 위해 메뉴에서 Window → Lumetri Color를 실행합니다.

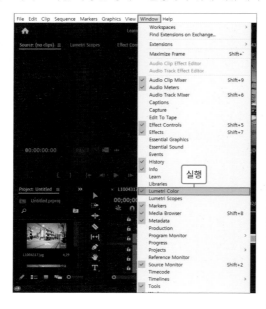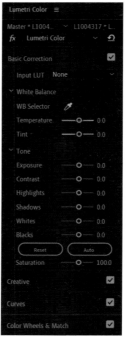

06 Basic Correction → Tone에서 설정 값 조절을 통해 흑백 영상을 다양한 형태로 표현할 수 있습니다. Exposure, Contrast, Highlights, Shadows, Whites, Blacks의 수치를 조절하면서 본인의 영상과 가장 잘 맞는 느낌의 흑백 영상을 찾도록 합니다.

비네팅 효과와 채도 보정하기

CHAPTER ㅣ Vignette ㅣ

비네팅은 사진이나 영상의 외곽 부분에 그늘이 지는 터널 현상을 의미합니다. 분위기를 내거나 감성적인 느낌을 낼 때 효과적인 비네팅을 직접 프리미어 프로에서 만드는 방법에 대해 알아봅니다.

• 예제파일 : PART1\L1004317.jpg　　• 완성파일 : PART1\Vignette.prproj

01 프리미어 프로에서 〈New Project〉 버튼을 클릭한 다음 New Project 대화상자가 표시되면 〈OK〉 버튼을 클릭합니다.
Project 패널을 더블클릭합니다. Import 대화상자가 표시되면 PART1 폴더에서 'L1004317. jpg' 파일을 선택하고 〈열기〉 버튼을 클릭합니다.

02 Project 패널에 소스가 위치합니다. Timeline 패널로 드래그하여 소스를 편집할 수 있게 배치합니다.

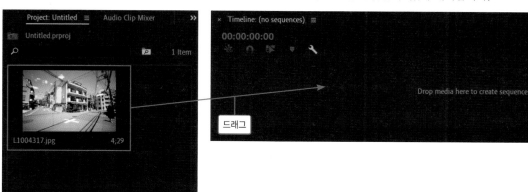

03 Timeline 패널에서 'L1004317.jpg' 클립을 선택하고 메뉴에서 **Window** → **Lumetri Color**를 실행합니다. Lumetri Color 패널이 표시됩니다.

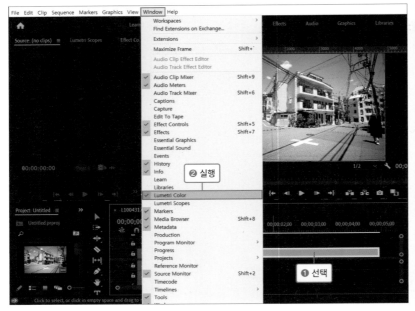

04 Lumetri Color 패널에서 Vignette 항목을 클릭합니다. 비네팅 효과를 적용할 수 있는 항목이 표시됩니다.

05 Amount를 '−3', Midpoint를 '0'으로 설정합니다. 영상 모서리에 검은색의 비네팅이 뚜렷하게 적용됩니다.

06 Roundness를 '100', Feather를 '100'으로 설정합니다. 영상과 비네팅의 경계 부분이 좀 더 부드러워지고 둥근 모양이 커지는 것을 확인할 수 있습니다. 기호에 따라서 설정 값을 조절하면서 원하는 느낌의 비네팅을 적용합니다.

07 Lumetri Color 패널에서 Basic Correction의 설정 값 조절을 통해 원본 영상을 다양한 형태로 표현할 수 있습니다. Saturation을 '200'으로 설정하여 영상의 채도를 높이고 Temperature를 '20', Contrast를 '55'로 설정하여 기존의 영상에서 노란빛이 보이도록 적용하였습니다. 이외에도 다양한 수치를 조절하면서 본인의 영상과 가장 잘 맞는 느낌의 색 보정을 하도록 합니다.

TIP ● **흰색 비네팅**

비네팅은 일반적으로 검은색을 띠지만 설정에 따라 흰색 비네팅을 넣을 수도 있습니다. Lumetri Color → Vignette에서 'Amount'를 '3'으로 설정하면 그림과 같이 가장자리가 흰색으로 밝아지는 비네팅을 적용할 수 있습니다. 영상에 따라 흰색 비네팅이 어울리는 장면에 사용하면 됩니다.

부분 흑백 영상 제작하기

CHAPTER | Leave Color |

프리미어 프로에서는 소스의 특정 부분을 선택하고 선택한 부분 외의 색상은 전부 흑백으로 만들 수 있습니다. 강조나 분위기 형성에 좋은 특정 부분만 색이 있는 영상을 만들어 봅니다.

· **예제파일** : PART1\B1003828.jpg   · **완성파일** : PART1\Leave Color.prproj

---

01 프리미어 프로에서 〈New Project〉 버튼을 클릭한 다음 New Project 대화상자가 표시되면 〈OK〉 버튼을 클릭합니다. Project 패널을 더블클릭합니다. Import 대화상자가 표시되면 PART1 폴더에서 'B1003828.jpg' 파일을 선택하고 〈열기〉 버튼을 클릭합니다.

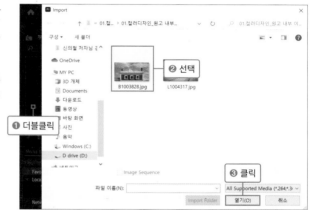

02 Project 패널에 소스가 위치합니다. Timeline 패널로 드래그하여 소스를 편집할 수 있게 배치합니다.

03 Timeline 패널에 클립이 표시됩니다. 흑백 효과를 적용하기 위해 메뉴에서 **Window** → **Effects**를 실행합니다.

04 Effects 패널이 표시됩니다. 효과 검색 창에 'Leave Color'를 검색하면 Video Effects → Color Correction → Leave Color 효과가 표시됩니다. 'Leave Color' 효과를 Timeline 패널의 'B1003828.jpg' 클립으로 드래그하여 효과를 적용합니다.

05 건물을 제외하고 다른 부분을 흑백으로 만들어 주기 위해 메뉴에서
Window → Effect Controls를 실행합니다.

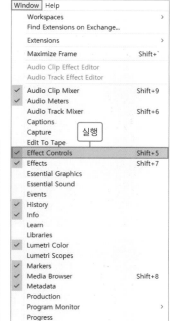

06 Effect Controls 패널에서 Video → Leave Color → Color To Leave의 스포이트 아이콘(◢)을 클릭한
다음 Program Monitor 패널에서 건물의 빨간 부분을 클릭합니다. 건물의 색상이 Color To Leave에 지정
됩니다.

07 Amount to DeColor를 '100%', Tolerance를 '33%'로 설정합니다. 건물을 제외하고 나머지 색상들은 흑백 처리됩니다.

주의점
프리미어 프로에서는 도구의 특성상 정교한 효과 설정을 하기 힘듭니다. 정교한 색상 변화 및 보정은 애프터 이펙트에서 가능합니다.

TIP ● **Leave Color**

❶ **Amount to DeColor** : 흑백으로 만드는 비율입니다. 100%에 가까울수록 흑백이 됩니다.

❷ **Color To Leave** : 흑백으로 만들지 않고 남기고자 하는 색상을 지정할 수 있습니다. 스포이트로 Program Monitor 패널의 화면을 클릭하면 해당 색상을 남길 수 있습니다.

❸ **Tolerance** : 색상의 허용도를 지정합니다. 같은 빨간색이어도 연한 빨간색, 진한 빨간색 등 다양한 빨간색이 있습니다. 100%에 가까울수록 많은 색상을 허용합니다.

❹ **Edge Softness** : 색상이 남은 부분과 흑백 부분의 경계 부분을 부드럽게 합니다. 100%에 가까울수록 경계 부분이 부드러워집니다.

08 Effects 패널을 클릭합니다. 효과 검색 창에 'Change to Color'를 검색하면 Video Effects → Color Correction → Change to Color 효과가 표시됩니다. 'Change to Color' 효과를 Timeline 패널의 클립으로 드래그하여 효과를 적용합니다.

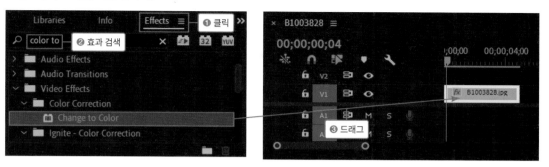

09 Effect Controls 패널에 Change to Color가 표시됩니다. From의 스포이트 아이콘(🖋)을 클릭한 다음 Program Monitor 패널에서 건물의 빨간 부분을 클릭합니다. To의 색상 상자를 클릭하여 원하는 색상을 지정합니다. Tolerance의 Hue를 '100%'로 설정합니다. 건물 색상이 'To'에서 선택한 색상으로 변경됩니다.

영상 색상 보정

프레임 디자인

키워드 자막

유튜브 스타일 자막

바 디자인

스티커 아이콘 디자인

VIDEO EDITING PATTERN

PROCESS
작업 과정

PART

2

영상 레이아웃
&
프레임 디자인

영상 프레임 제작하기

CHAPTER | Frame Design |

영상에 프레임을 적용하면 다양한 레이아웃을 구현할 수 있으며, 영상과 디자인 구성을 결합시킬 수 있는 장점이 있습니다. 이 책에서는 실무에서 자주 사용되는 엄선된 프레임 102종을 제공합니다.

디자인 속에 영상 넣기

영상을 촬영하고 편집, 혹은 기존 영상 소스를 활용하여 편집하다 보면 영상을 촬영하는 카메라, 조명, 위치, 장소, 색, 스타일 등 모든 요소들이 다르기 때문에 영상의 완성도가 떨어져 보일 때가 있습니다. 이런 경우 디자인 프레임을 만들고 그 안에 영상을 넣는 방식을 사용합니다. 그러면 각기 다른 스타일의 영상을 하나로 묶어 주는 프레임이 되기 때문에 영상의 완성도를 높여 줄 수 있습니다. 영상의 감성적인 느낌을 더할 때 디자인 프레임을 이용하면 그 부분을 극대화할 수 있습니다.

영상 프레임 살펴 보기

매거진 프레임 디자인

매거진이나 브이로그 등 소제목으로 사용할 때 적합한 프레임입니다. 타이틀과 설명 글, 하단의 날짜 정보를 자유롭게 수정할 수 있습니다.

TRIP ● 수정 가능한 큰 글자 타이틀의 영역

수정 가능한 작은 글자 영역

Curabitur at tristique odio. Donec quis condimentum lectus, in sagittis sem. Morbi imperdiet arcu ut nibh vestibulum maximus. Mauris at justo consequat, molestie magna sed, commodo risus. Vivamus at consectetur neque. Ut placerat cursus neque, vitae ultricies enim. Suspendisse potenti. Vestibulum auguenisl, sodales vel leo at, sodales iaculis dolor. Aliquam a diam eget odio bibendum viverra non eu urna.

2022.11.07
수정 가능한 날짜의 영역

원본 영상   **총 10종의 베리에이션 디자인이 제공되는 영역**

TRIP

2022.11.07

01   PART2 폴더\02_GSFrame_001_001 ⬇

GARTEN

2022.08.01

02   PART2 폴더\02_GSFrame_001_002 ⬇

TREM TOUR

2022.07.01

03   PART2 폴더\02_GSFrame_001_003 ⬇

BAUHAUS MUSEUM

2022.09.11

04   PART2 폴더\02_GSFrame_001_004 ⬇

SKY & CLOUD

2022.05.23

05   PART2 폴더\02_GSFrame_001_005 ⬇

MONUMENT

2022.09.18

06   PART2 폴더\02_GSFrame_001_006 ⬇

07 PART2 폴더\02_GSFrame_001_007 ⬇

08 PART2 폴더\02_GSFrame_001_008 ⬇

10 PART2 폴더\02_GSFrame_001_010 ⬇

09 PART2 폴더\02_GSFrame_001_009 ⬇

영상 색상 보정

프레임 디자인

키워드 자막

유튜브 스타일 자막

바 디자인

스티커 이미지 디자인

프리미어 프로에서
프레임 디자인 소스 사용하기
CHAPTER | Essential Graphics |

이 책에서 제공하는 프레임 디자인 파일은 Motion Graphics Template(mogrt) 파일로 제공됩니다. mogrt 파일은 영상, 이미지 소스와는 달리 Essential Graphics 패널에서 불러올 수 있습니다. 앞으로도 사용될 mogrt 파일을 불러오는 방법을 알아보겠습니다.

· **예제파일** : PART2\02GettingStartedFrame001.mogrt

---

01 프리미어 프로에서 영상 파일을 불러온 다음 메뉴에서 **Window → Essential Graphics**를 실행합니다.

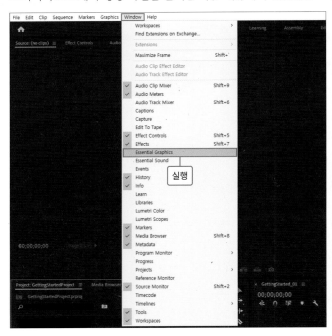

▲ Window → Essential Graphics를 실행

▶ Essential Graphics 패널
필자의 프리미어 프로 인터페이스(Editing 기본 인터페이스)에서는 오른쪽에 패널이 활성화되는 것을 확인할 수 있습니다.

02 Essential Graphics 패널에서 오른쪽 하단의 'Install Motion Graphics template' 아이콘()을 클릭합니다. 열기 대화상자가 표시되면 PART2 폴더에서 '02GettingStartedFrame001.mogrt' 파일을 선택한 다음 〈열기〉 버튼을 클릭합니다.

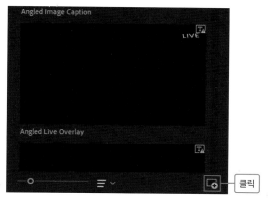

▲ Install Motion Graphics template 아이콘

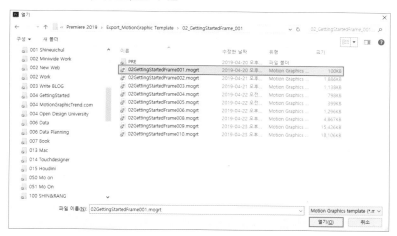

▲ mogrt 파일을 선택

불러온 파일은 셋업하는 과정을 거친 다음 Essential Graphics 패널의 [Browse] 탭에서 〈My Templates〉 버튼을 클릭하면 확인할 수 있습니다. 보통은 이 화면이 기본 화면으로 설정되어 있습니다.

▲ 새로 추가된 Motion Graphics Template

03 불러온 프레임 디자인을 하단의 Timeline 패널로 드래그하면 화면에 불러온 모습을 확인할 수 있습니다.

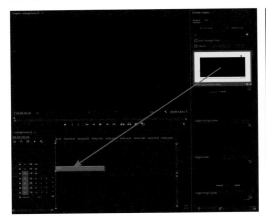

▲ Timeline 패널로 드래그

▲ 작업 환경에 프레임 디자인이 적용된 모습

해당 프레임 아래 트랙에 영상 파일을 불러오면 영상 위로 프레임이 적용된 모습을 확인할 수 있습니다.

▶ 해당 프레임 아래에 영상 파일을 불러온 모습

▶ 영상 위에 프레임이 적용된 모습

다양한 프레임 선택 사용하기

CHAPTER | Motion Graphics Template |

이 책의 Motion Graphics Template에는 여러 가지 프레임을 제공합니다. Motion Graphics Template의 구조와 다른 프레임 디자인으로 변경하는 방법을 알아보겠습니다.

01 Timeline 패널에서 추가된 프레임 'Getting Started Frame001' 클립을 선택하면 Essential Graphics 패널에서 자동으로 (Edit) 탭이 활성화되는 모습을 확인할 수 있습니다.

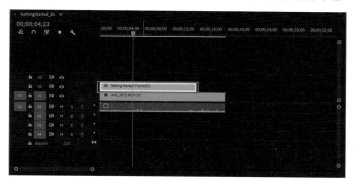

▲ Getting Started Frame001 클립을 선택

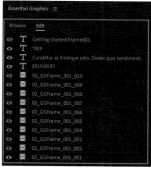

▲ (Edit) 탭이 활성화된 모습

주의점

만약 (Edit) 탭이 활성화되지 않으면 Edit 글자 부분을 클릭합니다.

02 Essential Graphics의 Edit를 보면 흰색의 눈 아이콘은 레이어를 표시하고, 사선이 있는 파란색의 눈 아이콘은 레이어를 숨깁니다. 레이어 순서대로 화면에 표시됩니다.

'02_GSFrame_001_001' 레이어가 현재 보이는 프레임이며 그 위에 순서대로 '2019.09.07' 레이어, 가상 텍스트인 'Curabitur로 시작되는 작은 글', 'TRIP' 레이어가 있습니다. 중간에 10개의 프레임 디자인도 확인할 수 있습니다. 숨긴 'Getting Started Frame001' 레이어는 타이틀을 위해서 적은 후 안 보이도록 설정하였습니다.

03 다른 프레임 디자인으로 바꾸어 보겠습니다. Essential Graphics 패널의 (Edit) 탭에서 하단의 02_GSFrame_001_001 레이어의 흰색 눈 아이콘을 클릭하여 파란색 눈 아이콘이 되게 레이어를 비활성화합니다.

02_GSFrame_001_005 레이어의 파란색 눈 아이콘을 클릭하여 흰색의 눈 아이콘이 되게 레이어를 활성화합니다. 이와 같은 방법으로 총 10개의 프레임 디자인을 선택할 수 있습니다.

▲ 02_GSFrame_001_005의 프레임 디자인이　　▲ 다른 프레임 디자인을 활성화한 모습
　보이도록 레이어를 활성화

프레임 디자인에 텍스트 추가하기

CHAPTER | Essential Graphics Text |

Essential Graphics 패널의 (Edit) 탭에서는 레이어 수정뿐만 아니라 글자 부분도 세밀하게 수정할 수 있습니다. 여기서는 글자를 수정하는 기능과 방법에 대해 알아보겠습니다.

01 (Edit) 탭에서 'TRIP' 레이어를 선택하면 하단에 Text를 수정할 수 있는 기능들이 표시됩니다.

▲ 'TRIP' 레이어를 선택

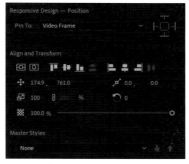

▲ 하단에 Text를 수정할 수 있는 기능이 표시

02 Responsive Design–Position에서는 정렬 기준 레이어를 지정할 수 있습니다. 기본은 Video Frame을 기준으로 지정되어 있지만 특정 레이어를 지정하면 그 레이어를 기준으로 위치를 지정할 수 있습니다.

▲ Responsive Design–Position

Align and Transform은 레이어의 위치, 크기, 회전, 투명도 등을 설정할 수 있습니다. 직접 수치를 설정하여 변화를 직관적으로 확인할 수 있습니다.

▲ Align and Transform

Master Styles는 Text의 설정을 만들 수 있는 기능으로, 마스터 스타일을 만들면 텍스트를 새로 만들 때 같은 스타일(서체, 크기, 색 등)로 적용할 수 있습니다.

▲ Master Styles

Text에서는 서체, 크기, 정렬 방법, 자간, 행간, 커닝 등 글을 수정할 수 있는 다양한 기능이 있습니다. 보통 한글, 워드, 프레젠테이션 등에서 볼 수 있는 기능입니다.

▲ Text

Appearance에서는 텍스트의 색상, 그림자, 두께 등을 설정할 수 있습니다. 이때 색은 단색으로만 설정할 수 있으며 그러데이션 색은 설정할 수 없습니다.

▲ Appearance

03 TRIP을 다른 단어로 바꾸고 크기를 조절해 보겠습니다. Program Monitor 패널 화면에서 TRIP을 선택해야 합니다. 이때는 선택 도구가 선택된 상태로 더블클릭해야 수정할 수 있습니다.

또는 Tools 패널에서 문자 도구를 선택하고 마우스 커서를 텍스트에 위치시킨 다음 한 번 클릭해도 수정할 수 있습니다.

▲ 문자 도구를 선택한 후 글자 위로 마우스 커서를 가져간 모습

▲ 글자를 수정할 수 있는 상태

▲ T-SITE로 글자를 수정

04 글자 크기를 설정합니다. Essential Graphics 패널의 (Edit) 탭에서 'T-SITE' 레이어를 선택한 다음 하단의 Text에서 Font Size의 슬라이더를 드래그하여 크기를 조절합니다.

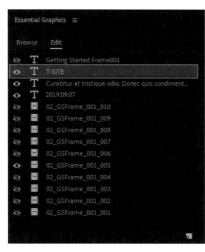

▲ 'T-SITE' 레이어를 선택

▲ 글자 크기를 400으로 설정

슬라이더를 조절하면 400까지 크기를 설정할 수 있지만, 직접 숫자를 입력하면 400 이상으로 크기를 설정할 수 있습니다.

▲ 글자 크기를 500으로 설정

▲ 글자 크기를 500으로 설정한 모습

05 이와 같은 방법으로 기존의 글자를 수정할 수 있습니다. 각 레이어가 정렬되어 있는 부분의 오른쪽 하단에서 'New Layer' 아이콘(▣)을 클릭하면 문자, 사각형, 원형 등을 추가할 수 있습니다.

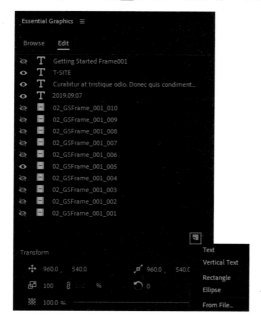

◀ 기본으로 제공하는 디자인에 추가하여
  작업할 수 있습니다.

세련미와 정보성을 한번에!

매거진 프레임 제작하기

CHAPTER | Magazine Frame Design |

매거진 표지 느낌의 프레임은 세련미와 정보를 가독성 있게 전달할 수 있다는 점에서 활용도가 높은 디자인입니다. 프리미어 프로에서 직접 매거진 스타일의 프레임을 만들어 보겠습니다.

· **예제파일** : PART2\00_GSContents Design_001_002.png   · **완성파일** : PART2\Magazine Frame.prproj

01 프리미어 프로에서 〈New Project〉 버튼을 클릭한 다음 New Project 대화상자가 표시되면 〈OK〉 버튼을 클릭합니다.

Project 패널을 더블클릭합니다. Import 대화상자가 표시되면 PART2 폴더에서 '00_GSContents Design_001_002.png' 파일을 선택하고 〈열기〉 버튼을 클릭합니다.

02 Project 패널에 소스가 위치합니다. Timeline 패널로 드래그하여 소스를 편집할 수 있게 배치합니다.

03 Timeline 패널에 클립이 표시됩니다.

04 메뉴에서 File → New → Color Matte를 실행합니다.

05 New Color Matte 대화상자가 표시되면 〈OK〉 버튼을 클릭합니다.

06 Color Picker 대화상자가 표시되면 색상을 '#ECECEC'로 지정한 다음 〈OK〉 버튼을 클릭합니다. Choose Name 대화상자가 표시되면 〈OK〉 버튼을 클릭하여 Color Matte를 생성합니다.

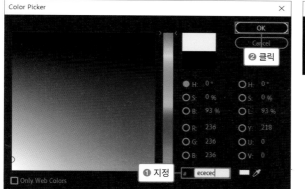

07 Project 패널에 Color Matte가 생성됩니다. 'Color Matte'를 Timeline 패널의 V2 트랙으로 드래그하여 00_ GSContents Design_001_002.png 클립 위로 배치합니다.

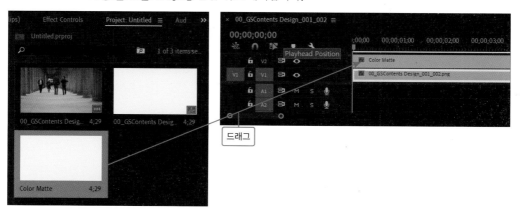

08 Color Matte에 구멍을 뚫기 위해 Timeline 패널에서 V2 트랙의 'Color Matte' 클립을 선택합니다. 메뉴에서 **Window → Effect Controls**를 실행합니다.

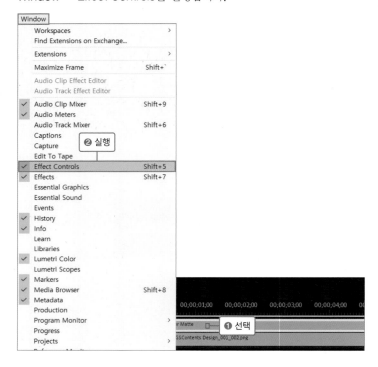

09 Effect Controls 패널에서 Video → Opacity의 'Create 4-point polygon mask' 아이콘(■)을 클릭합니다. 화면에 사각형 모양의 마스크가 생성됩니다.

10 Mask Feather를 '0'으로 설정합니다. Program Monitor 패널에서 사각형 마스크의 4개 조절점을 모두 선택한 다음 드래그하여 그림과 같이 크기를 조절합니다.

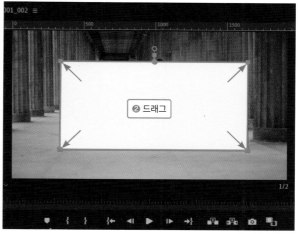

11 Opacity → Mask에서 'Inverted'를 체크 표시하면 선택한 마스크가 반전되면서 가운데 구멍이 뚫린 형태의 프레임이 생성됩니다.

12 Tools 패널에서 펜 도구(✒)를 선택한 다음 그림과 같이 화면 하단 부분에 클릭하여 선을 그립니다.

13 Effect Controls 패널에서 Graphics → Shape → Appearance → 'Stroke'를 체크 표시한 다음 '5'로 설정하고 색상을 '검은색'으로 지정합니다. Program Monitor 패널 화면의 선이 검은색으로 변경됩니다.

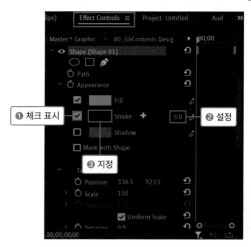

14 Tools 패널에서 문자 도구( 생략)를 선택한 다음 Program Monitor 패널의 화면을 클릭합니다. 'TRIP'을 입력하고 원하는 글꼴 및 글꼴 크기를 지정하여 스타일 프레임에 내용을 채울 수 있습니다.

TIP ● **소스 교체하는 법**

편집 과정에서 중간에 사진이나 영상을 다른 장면으로 바꿔야 하는 경우가 많습니다. 장면을 바꾸기 위해 모든 것을 처음부터 만들 필요는 없습니다. Project 패널에 새 소스를 불러온 다음 [Alt]를 누른 상태로 새 소스를 교체할 소스에 드래그합니다. 그러면 소스에 적용된 모든 설정 및 효과를 유지한 상태로 소스만 변경할 수 있습니다.

타이포 프레임 디자인

A부터 Z까지 알파벳에 영상이 나오도록 하는 프레임 디자인으로, 기본 디자인에는 추가 자막이 없지만 이 프레임 디자인 위로 주제에 맞는 자막을 추가하여 사용할 수 있습니다. VLOG의 감각적인 중간 타이틀로 사용할 수 있으며 실제 본 영상을 숨겨 주면서 예고편 같은 느낌으로 사용할 수 있습니다.

원본 영상   **알파벳에 맞는 전체적인 프레임 디자인 26종 제공**

01　PART2 폴더\02_GSFrame_002_001 ⬇️

02　PART2 폴더\02_GSFrame_002_002 ⬇️

03　PART2 폴더\02_GSFrame_002_003 ⬇️

04　PART2 폴더\02_GSFrame_002_004 ⬇️

05　PART2 폴더\02_GSFrame_002_005 ⬇️

06　PART2 폴더\02_GSFrame_002_006 ⬇️

07 PART2 폴더\02_GSFrame_002_007

08 PART2 폴더\02_GSFrame_002_008

09 PART2 폴더\02_GSFrame_002_009

10 PART2 폴더\02_GSFrame_002_010

11 PART2 폴더\02_GSFrame_002_011

12 PART2 폴더\02_GSFrame_002_012

13 PART2 폴더\02_GSFrame_002_013 ⬇

14 PART2 폴더\02_GSFrame_002_014 ⬇

15 PART2 폴더\02_GSFrame_002_015 ⬇

16 PART2 폴더\02_GSFrame_002_016 ⬇

17 PART2 폴더\02_GSFrame_002_017 ⬇

18 PART2 폴더\02_GSFrame_002_018 ⬇

19 PART2 폴더\02_GSFrame_002_019

20 PART2 폴더\02_GSFrame_002_020

21 PART2 폴더\02_GSFrame_002_021

22 PART2 폴더\02_GSFrame_002_022

23 PART2 폴더\02_GSFrame_002_023

24 PART2 폴더\02_GSFrame_002_024

25 PART2 폴더\02_GSFrame_002_025 ⬇

26 PART2 폴더\02_GSFrame_002_026 ⬇

영상 색 보정

프레임 디자인

키워드 자막

유튜브 스타일 자막

바 디자인

스티커 아이콘 디자인

문자와 합성되는
프레임 제작하기

CHAPTER | Typo Frame Design |

프리미어 프로만 활용하여 필기체 느낌의 타이포 디자인과 불투명한 색상 매트를 합쳐 멋진 프레임 디자인을 만들어 보겠습니다.

· **예제파일** : PART2\00_GSContents Design_001_000.png   · **완성파일** : PART2\Typo Frame.prproj

---

01 프리미어 프로에서 〈New Project〉 버튼을 클릭한 다음 New Project 대화상자가 표시되면 〈OK〉 버튼을 클릭합니다. Project 패널을 더블클릭합니다. Import 대화상자가 표시되면 PART2 폴더에서 '00_GSContents Design_001_000.png' 파일을 선택하고 〈열기〉 버튼을 클릭합니다.

02 Project 패널에 소스가 위치합니다. Timeline 패널로 드래그하여 소스를 편집할 수 있게 배치합니다.

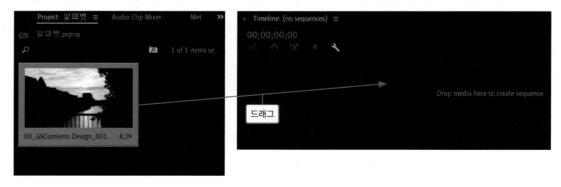

03 Timeline 패널에 클립이 표시됩니다.

04 메뉴에서 File → New → Color Matte를 실행합니다.

05 New Color Matte 대화상자가 표시되면 〈OK〉 버튼을 클릭합니다.

06 Color Picker 대화상자가 표시되면 색상을 '#8AFAD6'으로 지정한 다음 〈OK〉 버튼을 클릭합니다. Choose Name 대화상자가 표시되면 〈OK〉 버튼을 클릭합니다.

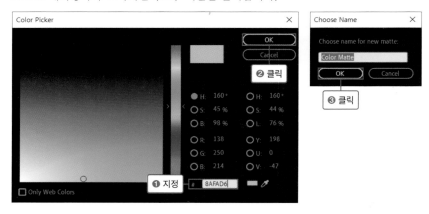

07 Project 패널에 Color Matte가 생성됩니다. 'Color Matte'를 Timeline 패널의 V2 트랙으로 드래그하여 00_ GSContents Design_001_000.png 클립 위로 배치합니다.

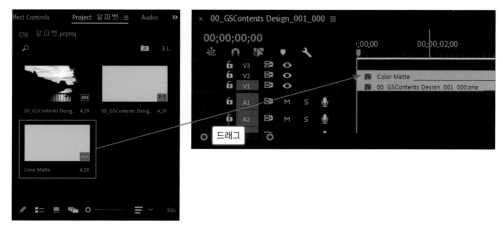

08 Tools 패널에서 문자 도구(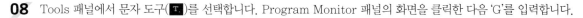)를 선택합니다. Program Monitor 패널의 화면을 클릭한 다음 'G'를 입력합니다.

09 텍스트의 설정을 바꾸기 위해 메뉴에서 Window → Effect Controls를 실행합니다.

영상 색상 보정

프레임 디자인

키워드 자막

유튜브 스타일 자막

바 디자인

스티커 아이콘 디자인

10 'G' 문자를 드래그하여 블록으로 지정한 다음 Effect Controls 패널의 Graphics → Text에서 텍스트 글꼴 및 글꼴 크기를 지정합니다. 예제에서는 글꼴을 무료 폰트인 'noelan', 글꼴 크기를 '1000'으로 지정했습니다. 화면의 가운데로 문자를 배치합니다.

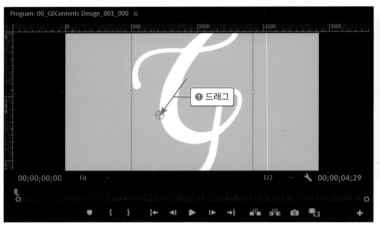

11 Timeline 패널에서 V2 트랙의 'Color Matte' 클립과 V3 트랙의 'G' 클립을 선택하고 마우스 오른쪽 버튼을 클릭한 다음 **Nest**를 실행합니다.

12 Nested Sequence Name 대화상자가 표시되면 Name을 '색상 매트'로 입력하고 〈OK〉 버튼을 클릭합니다.

13 다시 Tools 패널에서 문자 도구(T)를 선택한 다음 Program Monitor 패널의 화면을 클릭하여 'G'를 입력합니다. Effect Controls 패널의 Graphics → Text에서 글꼴을 'noelan', 글꼴 크기를 '630'으로 지정합니다.

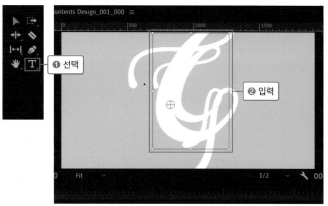

TIP ● **상업적 이용 가능한 영문 무료 폰트 찾기**

영문 폰트는 국내 폰트에 비해 상대적으로 상업적으로 이용 가능한 폰트를 찾기가 까다롭습니다. 하지만 국내의 '눈누'처럼 상업적인 폰트를 선별하여 제공하는 사이트가 외국에도 있습니다. 프리타이포그래피(freetypography.com)에서 폰트 리스트를 살펴보고 다운받아서 사용하도록 합니다.

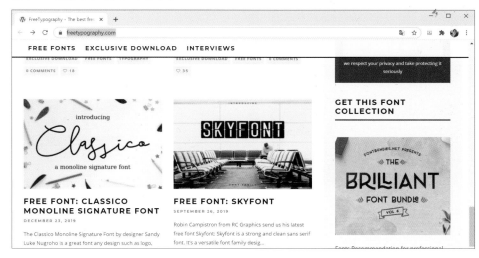

14 메뉴에서 Window → Effects를 실행합니다. 효과 검색 창에 'Track Matte Key'를 검색하면 Video Effects → Keying → Track Matte Key 효과가 표시됩니다. 'Track Matte Key' 효과를 Timeline 패널에서 V2 트랙의 '색상 매트' 클립으로 드래그하여 효과를 적용합니다.

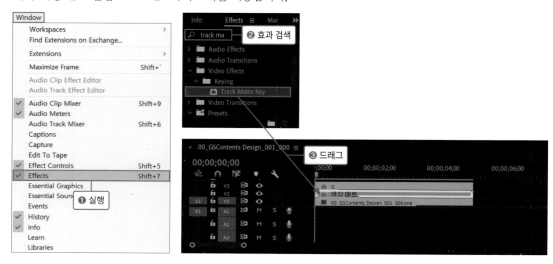

15 Effect Controls 패널에서 Track Matte Key → Matte를 'Video 3'으로 지정하고, Composite Using을 'Matte Luma'로 지정합니다. 'Reverse'를 체크 표시하면 그림과 같이 문자에 구멍이 뚫린 형태로 영상이 보입니다.

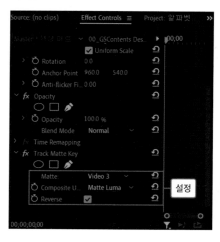

16 Effect Controls 패널에서 Opacity → Opacity를 '70%'로 설정합니다. 그림과 같이 색상 매트가 투명하게 보이면서 배경이 같이 보이게 됩니다.

17 Enter를 눌러 Timeline 위에 있는 빨간 줄을 초록 줄로 바꿔 줍니다. 빨간 줄을 초록 줄로 바꾸는 과정을 '프리뷰 렌더링'이라고 합니다. 프리뷰 렌더링은 적용한 효과를 Program Monitor 패널에서 볼 수 있도록 하는 과정입니다. 프리뷰 렌더링이 끝나면 자동으로 영상이 재생됩니다.

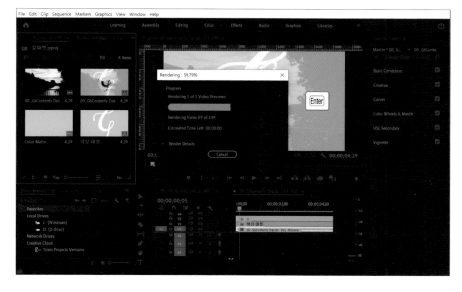

영상 프레임 살펴 보기

사각 프레임 디자인

영상의 화면 프레임에 맞는 사각형 프레임 화면으로 14종의 프레임 디자인이 있습니다. 타이틀 텍스트의 변호를 통해서 자신의 작업에 맞는 텍스트로 수정할 수 있습니다.

원본 영상   총 14종 프레임 디자인이 제공되는 영역

01 PART2 폴더\02_GSFrame_003_001 ⬇

02 PART2 폴더\02_GSFrame_003_002 ⬇

03 PART2 폴더\02_GSFrame_003_003 ⬇

04 PART2 폴더\02_GSFrame_003_004 ⬇

05 PART2 폴더\02_GSFrame_003_005 ⬇

06 PART2 폴더\02_GSFrame_003_006 ⬇

07 PART2 폴더\02_GSFrame_003_007 ⬇️

08 PART2 폴더\02_GSFrame_003_008 ⬇️

09 PART2 폴더\02_GSFrame_003_009 ⬇️

10 PART2 폴더\02_GSFrame_003_010 ⬇️

11 PART2 폴더\02_GSFrame_003_011 ⬇️

12 PART2 폴더\02_GSFrame_003_012 ⬇️

13 PART2 폴더\02_GSFrame_003_013 ⬇

14 PART2 폴더\02_GSFrame_003_014 ⬇

영상 색상 보정

프레임 디자인

키워드 자막

유튜브 스타일 자막

바 디자인

스티커 아이콘 디자인

컬러의

사각 프레임 제작하기

CHAPTER | Rectangle Frame Design |

직사각형 프레임 배경에 영상이 들어간 형태는 안정적인 느낌을 줍니다. 프리미어 프로에서 직접 직사각형 프레임 형태의 프레임을 만들어 보겠습니다.

· **예제파일** : PART2\00_GSContents Design_001_040.png · **완성파일** : PART2\Rectangle Frame.prproj

01 프리미어 프로에서 〈New Project〉 버튼을 클릭한 다음 New Project 대화상자가 표시되면 〈OK〉 버튼을 클릭합니다. Project 패널을 더블클릭합니다. Import 대화상자가 표시되면 PART2 폴더에서 '00_GSContents Design_001_040.png' 파일을 선택하고 〈열기〉 버튼을 클릭합니다.

02 Project 패널에 소스가 위치합니다. Timeline 패널로 드래그하여 소스를 편집할 수 있게 배치합니다.

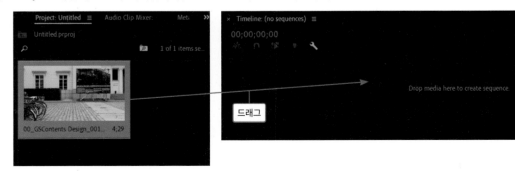

03 Timeline 패널에 클립이 표시됩니다. '00_GSContents Design_001_040.png' 클립을 선택하고 마우스 오른쪽 버튼을 클릭한 다음 **Edit in Adobe Photoshop**을 실행하면 포토샵과 연동됩니다.

04 포토샵이 실행됩니다. 화면에 표시된 사진을 딱 맞는 비율로 보기 위해 Tools 패널에서 손 도구(✋)를 더블클릭합니다. 화면에 맞게 사진이 표시됩니다.

영상 색상 보정

프레임 디자인

키워드 지식

유튜브 스타일 지식

바 디자인

스티커 아이콘 디자인

05 대각선 무늬의 패턴을 만들기 위해 메뉴에서 **File → New**를 실행합니다.

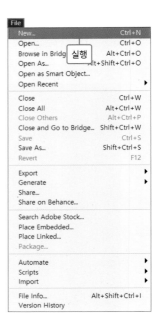

06 New Document 대화상자가 표시됩니다. Width를 '50 Pixels', Height를 '50 Pixels'로 설정한 다음 Back
ground Contents의 색상 상자를 클릭합니다. Color Picker 대화상자가 표시되면 색상을 '#ECECEC'로 지정
하고 〈OK〉 버튼을 클릭한 다음 〈Create〉 버튼을 클릭합니다.

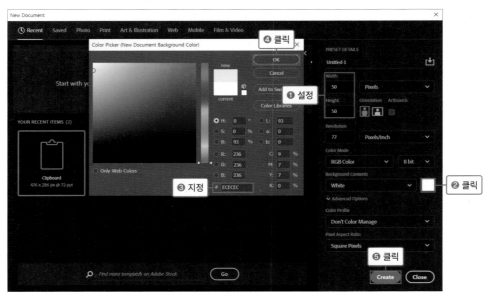

07 설정한 크기로 캔버스가 생성됩니다. 화면에 표시된 캔버스를 딱 맞는 비율로 보기 위해 Tools 패널에서 손 도구()를 더블클릭합니다. 화면에 딱 맞게 캔버스가 표시됩니다.

08 Tools 패널에서 사각형 도구(■)를 선택한 다음 옵션바에서 Fill을 클릭합니다. 색상을 지정하기 위해 'Color Picker' 아이콘(□)을 클릭합니다.

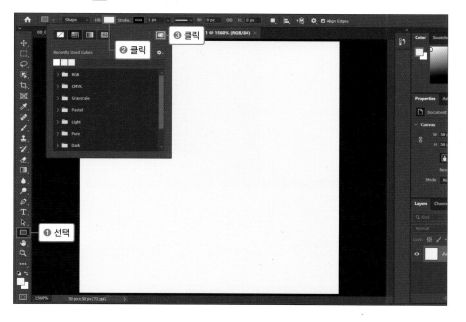

09 Color Picker 대화상자가 표시되면 색상을 '#FD8C8C'로 지정한 다음 〈OK〉 버튼을 클릭합니다.

10 그림과 같이 캔버스의 반을 드래그하여 사각형을 그립니다.

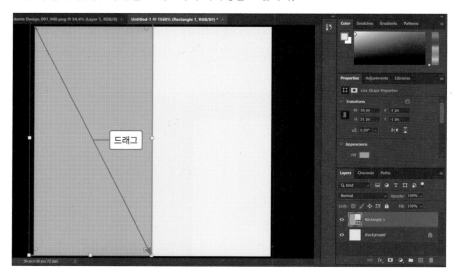

11 그림을 패턴으로 지정합니다. 메뉴에서 Edit → Define Pattern을 실행합니다.

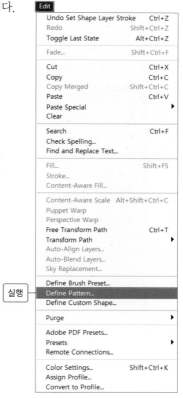

12 Pattern Name 대화상자가 표시되면 Name을 '대각선 패턴'으로 입력한 다음 〈OK〉 버튼을 클릭합니다.

영상 색상 보정

프레임 디자인

가이드 지면

유튜브 스타일 지면

북 디자인

스타카 아이콘 디자인

13 기존 사진 작업 창을 클릭합니다. 메뉴에서 Layer → New → Layer를 실행합니다.

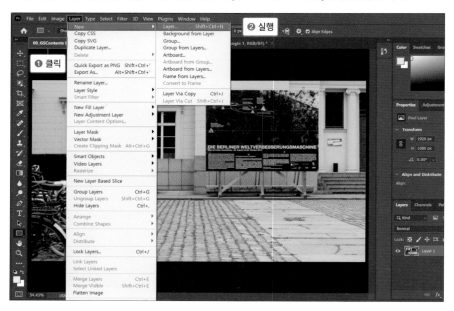

14 New Layer 대화상자 표시되면 Name을 '패턴 배경'으로 입력한 다음 〈OK〉 버튼을 클릭합니다.

TIP ● **레이어(Layer) 구조**

레이어는 '층'이라는 뜻으로, 포토샵, 애프터 이펙트, 프리미어 프로 등 어도비 사의 그래픽 도구는 레이어 구조를 지니고 있습니다. 가장 위에 있는 레이어가 아래에 있는 레이어를 덮는 개념입니다. 위에 있는 레이어를 삭제하면 바로 아래에 있는 레이어가 보이게 됩니다.

▲ 레이어는 케이크와 같습니다.

15 Layers 패널에 새로운 레이어가 생성됩니다. 페인트 도구를 이용하여 패턴을 적용합니다. Tools 패널에서 그레
이디언트 도구(■)를 길게 클릭하여 페인트 통 도구(◆)를 선택합니다.

16 옵션바에서 Set source for fill area를 'Pattern'으로 지정합니다.

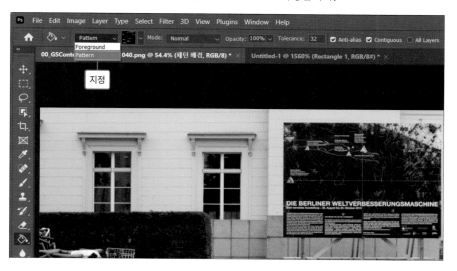

17 Set source for fill area 옆에 패턴 설정을 클릭하여 지정한 패턴을 선택합니다.

18 캔버스를 클릭하면 패턴이 적용됩니다.

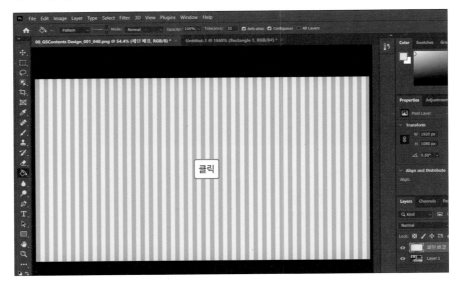

19 Ctrl+T를 눌러 패턴이 대각선으로 보이게 회전한 다음 크기를 화면에 꽉 차게 조절합니다.

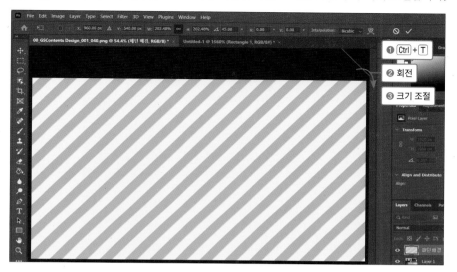

20 가운데에 둥근 사각형 형태로 구멍을 뚫습니다. Tools 패널에서 사각형 도구(▢)를 길게 클릭하여 둥근 사각형 도구(▢)를 선택합니다.

21 옵션바에서 Set radius of rounded corners를 '50px'로 설정한 다음 드래그하여 그림과 같이 둥근 사각형을 그립니다.

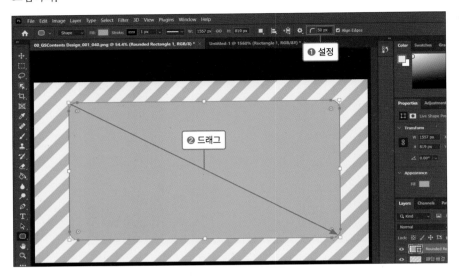

22 Paths 패널에서 'Rounded Rectangle 1 Shape Path'를 선택하고 마우스 오른쪽 버튼을 클릭한 다음 **Make Selection**을 실행하여 선택 영역으로 지정합니다.

23 Make Selection 대화상자가 표시되면 〈OK〉 버튼을 클릭합니다.

24 Layers 패널에서 'Rounded Rectangle 1' 레이어의 눈 아이콘()을 클릭하여 레이어를 숨긴 다음 '패턴 배경' 레이어를 선택합니다.

25 Delete를 눌러 그림과 같이 직사각형 프레임을 완성합니다.

26 Ctrl+S를 눌러 다른 이름으로 저장 대화상자가 표시되면 저장 위치와 파일 이름을 지정한 다음 〈저장〉 버튼을 클릭합니다.

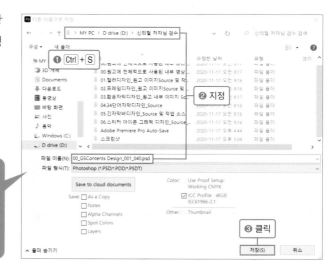

> **주의점**
>
> 반드시 종료하기 전에 포토샵을 저장해야 합니다. 저장하지 않으면 프리미어 프로와 연동이 해제되기 때문에 PC에 포토샵 파일을 저장하도록 합니다.

27 그림과 같이 프리미어 프로와 포토샵 연동이 완료됩니다. Program Monitor 패널의 화면에 텍스트를 입력하고 글꼴 및 글꼴 크기를 지정하여 스타일 프레임의 내용을 채울 수 있습니다.

TIP ● **상황별 프리미어 프로와 연동 프로그램**

- **Photoshop** : 자막 바, 자막 디자인, 섬네일 제작 등 특정 샷이나 정적인 소스를 활용하여 그래픽 작업을 할 때 연동해서 사용합니다.

- **After Effects** : 특정 장면이나 영상 전체에 모션 그래픽, 특수 효과, 합성, 3D 공간 처리 등 동적인 소스를 활용하여 그래픽 작업을 할 때 연동해서 사용합니다.

- **VREW** : 주로 말 자막을 만들 때 사용합니다. 딥러닝 기술을 통해 음성 인식으로 영상 내에 있는 음성을 텍스트로 바꿀 때 사용합니다. 프리미어 프로에 xml 형식으로 불러와서 디자인 및 자막을 수정할 수 있습니다.

그러데이션 컬러 프레임 디자인

최근 많이 사용하고 있는 그러데이션 컬러를 이용한 프레임으로 구성된 디자인입니다. 총 6종의 베리에이션 디자인으로, 타이틀을 자유롭게 수정할 수 있습니다. 영상을 만들 때 해당 에피소드를 소개하는 프레임으로 사용하기 적합한 디자인입니다.

수정 가능한 Text의 모습

원본 영상   총 6종 프레임 디자인이 제공되는 영역

TIP ● Text의 위치와 크기는 프레임 디자인에 맞춰 이동 변화를 주어야 완성도 있는 디자인을 만들 수 있습니다.

01 PART2 폴더\02_GSFrame_004_001 ⬇

02 PART2 폴더\02_GSFrame_004_002 ⬇

03 PART2 폴더\02_GSFrame_004_003 ⬇

04 PART2 폴더\02_GSFrame_004_004 ⬇

05 PART2 폴더\02_GSFrame_004_005 ⬇

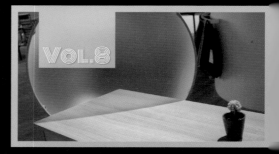

06 PART2 폴더\02_GSFrame_004_006 ⬇

다채로운 색감을 이용한
그러데이션 프레임 제작하기

CHAPTER | Gradation Frame Design |

그러데이션 디자인은 다채로운 색감을 표현할 수 있습니다. 프리미어 프로에서 그러데이션 프레임을 만드는 방법에 대해 알아보겠습니다.

・예제파일 : PART2\00_GSContents Design_001_029.png   ・완성파일 : PART2\Gradation Frame.prproj

01 프리미어 프로에서 〈New Project〉 버튼을 클릭한 다음 New Project 대화상자가 표시되면 〈OK〉 버튼을 클릭합니다. Project 패널을 더블클릭합니다. Import 대화상자가 표시되면 PART2 폴더에서 '00_GSContents Design_001_029.png' 파일을 선택하고 〈열기〉 버튼을 클릭합니다.

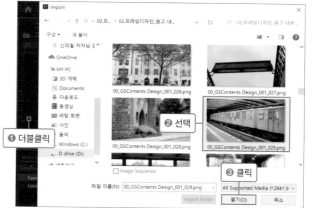

02 Project 패널에 소스가 위치합니다. Timeline 패널로 드래그하여 소스를 편집할 수 있게 배치합니다.

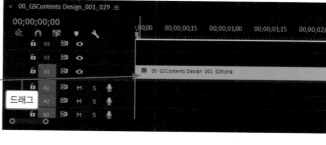

03 메뉴에서 File → New → Color Matte를 실행합니다.

04 New Color Matte 대화상자가 표시되면 〈OK〉 버튼을 클릭합니다.

05 Color Picker 대화상자가 표시되면 색상을 임의로 지정한 다음 〈OK〉 버튼을 클릭합니다.

06 Choose Name 대화상자가 표시되면 〈OK〉 버튼을 클릭하여 Color Matte를
생성합니다.

07 Project 패널에 Color Matte가 생성됩니다. 'Color Matte'를 Timeline 패널의 V2 트랙으로 드래그하여 '00_
GSContents Design_001_029.png' 클립 위로 배치합니다.

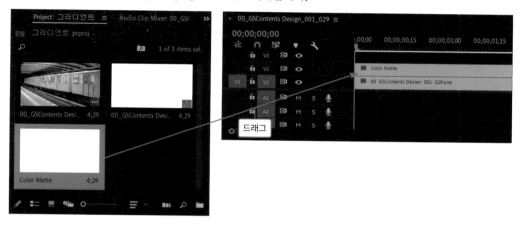

08 그러데이션 효과를 적용하기 위해 메뉴에서 Window → Effects를 실행합
니다.

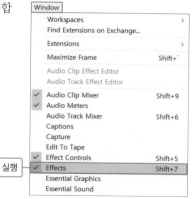

09 효과 검색 창에 '4-Color Gradient'를 검색하면 Video Effects → Generate → 4-Color Gradient 효과가 표시됩니다. '4-Color Gradient' 효과를 Timeline 패널의 'Color Matte' 클립으로 드래그하면 4색 그러데이션이 적용됩니다.

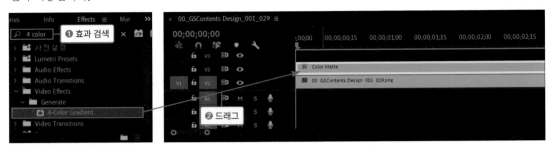

10 그러데이션 색상을 지정하기 위해 메뉴에서 Window → Effect Controls 를 실행합니다.

11 Effect Controls 패널에서 Video → 4-Color Gradient → Color 1 의 색상 상자를 클릭합니다.

12 Color Picker 대화상자가 표시되면 색상을 '#EBF766'으로 지정한 다음 〈OK〉 버튼을 클릭합니다.

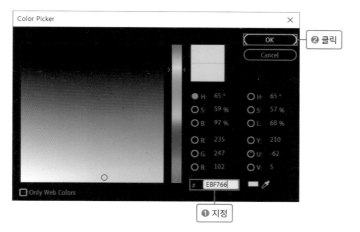

13 Color 2의 색상 상자를 클릭합니다. Color Picker 대화상자가 표시되면 색상을 '#FFCA7F'로 지정한 다음 〈OK〉 버튼을 클릭합니다.

14 Color 3의 색상 상자를 클릭합니다. Color Picker 대화상자가 표시되면 색상을 '#FF70AF'로 지정한 다음 〈OK〉 버튼을 클릭합니다.

TIP ● **색상 조합을 스스로 짜기**

그러데이션은 여러 개의 색상이 자연스럽게 배치되어 있는 것입니다. 프리미어 프로에서는 주로 4색 그레이디언트 효과를 많이 사용하는데, 그러데이션은 색상 조합에 따라 촌스러울 수도 있고 최적의 색상을 표현할 수도 있습니다. Adobe 컬러(Color. adobe.com)에서 여러 가지 색상 조합을 직접 선택하고 그레이디언트 색상 조합을 적용해 볼 수 있습니다. 본인이 좋아하는 색을 직접 조합하고 만들어 봅니다.

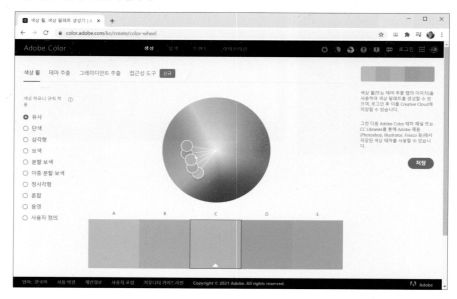

15 Color 4의 색상 상자를 클릭합니다. Color Picker 대화상자가 표시되면 색상을 '#FF9692'로 지정한 다음 〈OK〉 버튼을 클릭합니다.

16 그림과 같이 4색 그러데이션이 적용된 Color Matte가 표시됩니다. Effect Controls 패널에서 Video → Opacity의 'Free draw bezier' 아이콘(🖊)을 클릭합니다.

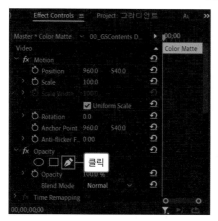

영상 색상 보정

프레임 디자인

카메라 자막

유튜브 스타일 자막

바 디자인

스티커 아이콘 디자인

17 Program Monitor 패널에서 그림과 같이 화면을 4번 클릭하여 직사각형 형태의 마스크를 적용합니다.

주의점

마스크를 적용한 다음 조절점을 선택하고 드래그하여 마스크를 변형할 수 있습니다. 모양이 틀어졌다면 마스크를 적용한 후 변형하도록 합니다.

18 Opacity → Mask에서 'Inverted'를 체크 표시합니다. 마스크가 반전되어 그러데이션 프레임이 만들어집니다.

19 Effect Controls 패널에서 Video → Opacity의 'Create 4-point polygon mask' 아이콘(■)을 클릭합니다. 마스크가 하나 더 적용됩니다.

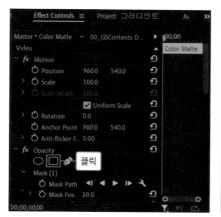

20 마스크의 조절점을 선택한 다음 드래그하여 마스크의 모양을 변형할 수 있습니다. 조절점을 드래그하여 사각형의 크기를 그림과 같이 조절합니다.

21 Tools 패널에서 문자 도구(T)를 선택한 다음 Program Monitor 패널의 화면을 클릭합니다. 'TRAM TOUR'를 입력하고 원하는 글꼴 및 글꼴 크기를 지정하여 완성합니다.

TIP ● **이미지에 있는 영문 폰트를 찾는 방법**

WhatTheFont(myfonts.com/WhatTheFont)에서는 이미지를 업로드하여 이미지에 있는 폰트를 찾아 주는 기능을 지원합니다. 이 기능을 통해 형태만 알고 이름을 모르는 폰트를 찾을 수 있습니다. 해당 폰트와 비슷하게 생긴 폰트까지 찾아 주기 때문에 영상 제작에 큰 도움이 되는 사이트입니다.

말풍선 프레임 디자인

만화의 말풍선 모습을 이용한 프레임으로 구성되었습니다. 총 10종의 베리에이션 디자인과 타이틀을 자유롭게 수정할 수 있습니다. 친근한 영상 구성을 만들 때 사용하면 효과적입니다.

수정 가능한 Text의 모습

BRUNCH :)

원본 영상   총 10종의 프레임 디자인이 제공되는 영역

TIP ● Text의 위치와 크기는 프레임 디자인에 맞춰 이동 변화를 주어야 완성도 있는 디자인을 만들 수 있습니다.

01 　PART2 폴더\02_GSFrame_005_001

02 　PART2 폴더\02_GSFrame_005_002

03 　PART2 폴더\02_GSFrame_005_003

04 　PART2 폴더\02_GSFrame_005_004

05 　PART2 폴더\02_GSFrame_005_005

06 　PART2 폴더\02_GSFrame_005_006

07 PART2 폴더\02_GSFrame_005_007 ⬇

08 PART2 폴더\02_GSFrame_005_008 ⬇

09 PART2 폴더\02_GSFrame_005_009 ⬇

10 PART2 폴더\02_GSFrame_005_010 ⬇

말풍선 프레임 제작하기

CHAPTER | Bubble Talk Frame Design |

말풍선 느낌의 디자인은 트렌디하면서도 일상적인 느낌을 줍니다. 프리미어 프로에서 말풍선 느낌의 프레임을 만드는 방법에 대해 알아봅니다.

• **예제파일 :** PART2\00_GSContents Design 2_018.png　　• **완성파일 :** PART2\Bubble Talk Frame.prproj

---

01 프리미어 프로에서 〈New Project〉 버튼을 클릭한 다음 New Project 대화상자가 표시되면 〈OK〉 버튼을 클릭합니다. Project 패널을 더블클릭합니다. Import 대화상자가 표시되면 PART2 폴더에서 '00_GSContents Design 2_018.png' 파일을 선택하고 〈열기〉 버튼을 클릭합니다.

02 Project 패널에 소스가 위치합니다. Timeline 패널로 드래그하여 소스를 편집할 수 있게 배치합니다.

03 메뉴에서 File → New → Color Matte를 실행합니다.

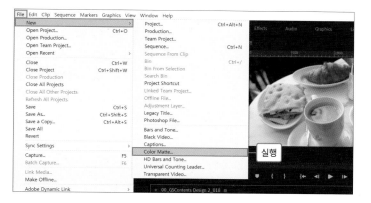

04 New Color Matte 대화상자가 표시되면 〈OK〉 버튼을 클릭합니다.

05 Color Picker 대화상자가 표시되면 색상을 '#878DFF'로 지정한 다음 〈OK〉 버튼을 클릭합니다.

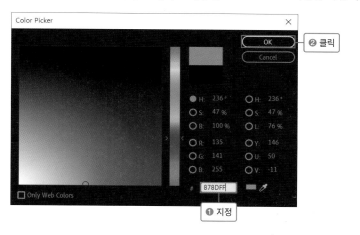

06 Choose Name 대화상자가 표시되면 〈OK〉 버튼을 클릭하여 Color Matte
를 생성합니다.

07 Project 패널에 Color Matte가 생성됩니다. 'Color Matte'를 Timeline 패널의 V2 트랙으로 드래그하여 '00_
GSContents Design 2_018.png' 클립 위로 배치합니다.

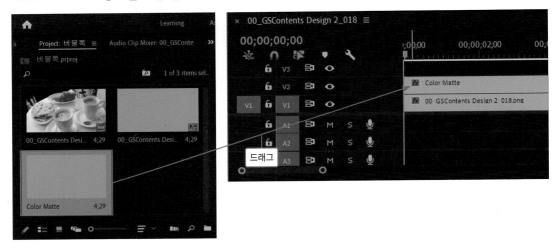

08 Tools 패널에서 펜 도구(✐)를 선택한 다음 Program Monitor 패널의 화면에 말풍선 모양을 그립니다. 화면
을 클릭하여 직선을 만들 수 있으며, 클릭한 다음 드래그하면 곡선을 만들 수 있습니다.

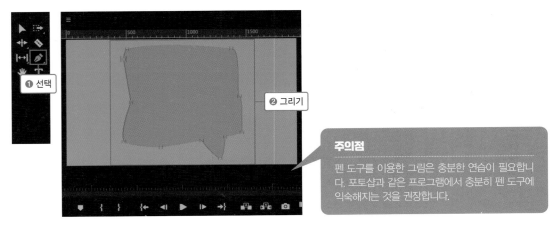

주의점

펜 도구를 이용한 그림은 충분한 연습이 필요합니
다. 포토샵과 같은 프로그램에서 충분히 펜 도구에
익숙해지는 것을 권장합니다.

09 조절점을 드래그하여 모양을 다듬을 수 있습니다. 펜 도구로 그린 말풍선을 다듬은 다음 색상을 변경하기 위해 메뉴에서 **Window → Effect Controls**를 실행합니다.

10 Graphics → Shape → Appearance → Fill의 색상 상자를 클릭합니다. Color Picker 대화상자가 표시되면 색상을 '#FFFFFF'로 지정한 다음 ⟨OK⟩ 버튼을 클릭합니다.

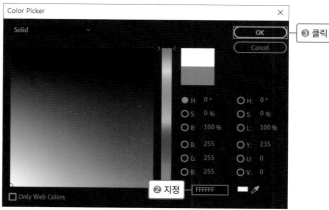

11 Color Matte에 구멍을 뚫기 위해 Timeline 패널에서 V2 트랙의 'Color Matte' 클립을 선택합니다. 메뉴에서 **Window → Effects**를 실행합니다. Effects 패널이 표시됩니다.

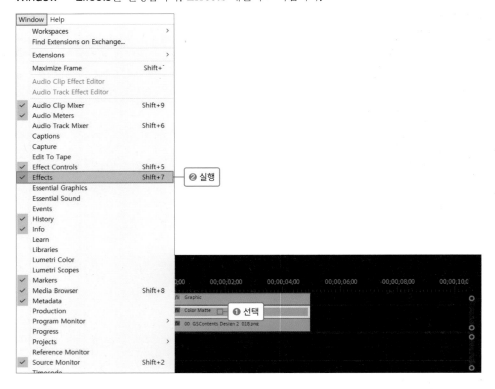

12 효과 검색 창에 'Track Matte Key'를 검색하면 Video Effects → Keying → Track Matte Key 효과가 표시됩니다. 'Track Matte Key' 효과를 V2 트랙의 'Color Matte' 클립으로 드래그하여 효과를 적용합니다.

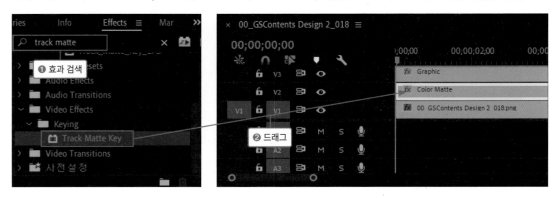

13 Effect Controls 패널에서 Track Matte Key → Matte를 'Video 3'으로 지정하고, Composite Using을 'Matte Luma'로 지정합니다. 'Reverse'에 체크 표시하면 그림과 같이 Color Matte에 구멍이 뚫린 형태로 영상이 보이게 됩니다.

14 Tools 패널에서 문자 도구(🇹)를 선택한 다음 Program Monitor 패널의 화면을 클릭합니다. 'BRUNCH'를 입력하고 원하는 글꼴 및 글꼴 크기를 지정하여 완성합니다.

영상 프레임 살펴 보기

삼각 프레임 디자인

화면이 삼각형의 도형 형태를 이용한 프레임으로 구성되었습니다. 총 10종의 베리에이션 디자인과 타이틀을 자유롭게 수정할 수 있습니다. 조금 더 프로페셔널한 느낌을 줄 때 사용할 수 있는 디자인입니다.

Kids Furniture, Vitra +

수정 가능한 Text 영역

원본 영상

총 10종의 프레임 디자인이 제공되는 영역

TIP ● Text의 위치와 크기는 프레임 디자인에 맞춰 이동 변화를 주어야 완성도 있는 디자인을 만들 수 있습니다.

MUSEUM TOUR +

01   PART2 폴더\02_GSFrame_006_001 ⬇

NATIONAL MUSEUM +

02   PART2 폴더\02_GSFrame_006_002 ⬇

NEW EPISODE +

03   PART2 폴더\02_GSFrame_006_003 ⬇

Hauptbahnhof +

04   PART2 폴더\02_GSFrame_006_004 ⬇

Modern Art +

05   PART2 폴더\02_GSFrame_006_005 ⬇

TRAM TOUR +

06   PART2 폴더\02_GSFrame_006_006 ⬇

07 PART2 폴더\02_GSFrame_006_007 ⬇️

08 PART2 폴더\02_GSFrame_006_008 ⬇️

10 PART2 폴더\02_GSFrame_006_010 ⬇️

09 PART2 폴더\02_GSFrame_006_009 ⬇️

레이어 마스크를 이용한
삼각 프레임 제작하기

CHAPTER | Triangle Frame Design |

그러데이션 느낌이지만 색이 칠해진 것이 아닌 점점 투명해지는 효과를 '레이어 마스크'라고 합니다. 프리미어 프로와 포토샵을 연동하여 레이어 마스크를 활용한 삼각 프레임을 만들어 봅니다.

• **예제파일** : PART2\00_GSContents Design 2_037.png   • **완성파일** : PART2\Triangle Frame.prproj

01 프리미어 프로에서 〈New Project〉 버튼을 클릭한 다음 New Project 대화상자가 표시되면 〈OK〉 버튼을 클릭합니다. Project 패널을 더블클릭합니다. Import 대화상자가 표시되면 PART2 폴더에서 '00_GSContents Design 2_037.png' 파일을 선택하고 〈열기〉 버튼을 클릭합니다.

02 Project 패널에 소스가 위치합니다. Timeline 패널로 드래그하여 소스를 편집할 수 있게 배치합니다. Timeline 패널에 클립이 표시됩니다.

03 Timeline 패널에서 '00_GSContents Design 2_037.png' 클립을 선택하고 마우스 오른쪽 버튼을 클릭한 다음 **Edit in Adobe Photoshop**을 실행하여 포토샵과 연동합니다.

04 포토샵이 실행됩니다. 화면에 표시된 사진을 딱 맞는 비율로 보기 위해 Tools 패널에서 손 도구(🖐)를 더블클릭합니다. 화면에 딱 맞게 사진이 표시됩니다.

05 메뉴에서 Layer → New → Layer를 실행합니다.

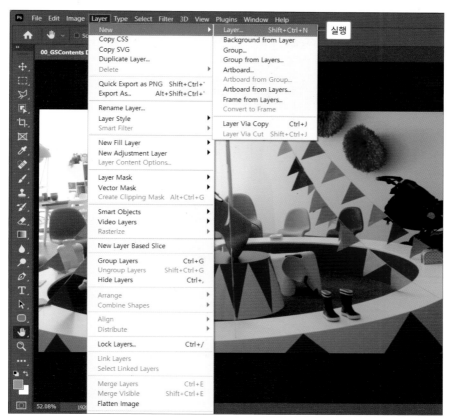

06 New Layer 대화상자가 표시됩니다. Name을 '삼각형'으로 입력한 다음 〈OK〉 버튼을 클릭합니다.

영상 생성 보정

프레임 디자인

키워드 지원

유튜브 스타일 지원

북 디자인

스티커 아이콘 디자인

07 Tools 패널에서 펜 도구(✐)를 선택한 다음 그림과 같이 캔버스 왼쪽 상단에 삼각형을 그립니다.

07 의 캡션 외 주의점

> **주의점**
> 삼각형은 직선이기 때문에 클릭만으로도 그릴 수 있습니다.

08 Paths 패널에서 작업한 'Work Path'를 선택합니다. 마우스 오른쪽 버튼을 클릭한 다음 **Fill Path**를 실행합니다.

09 Fill path 대화상자가 표시되면 Contents를 'Color'로 지정합니다. Color Picker 대화상자가 표시되면 색상을 '#F5B88F'로 지정한 다음 〈OK〉 버튼을 클릭합니다.

10 같은 방법으로 오른쪽 하단에도 그림과 같이 도형을 그리고 색상을 지정합니다.

영상 생성 보정

프레임 디자인

키워드 자막

유튜브 스타일 자막

바 디자인

스타커 이모지 디자인

11 Layers 패널에서 '삼각형' 레이어를 선택합니다. 메뉴에서 Layer → Layer Mask → Reveal All을 실행합니다.

 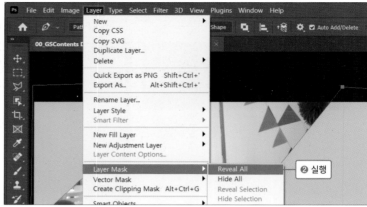

12 레이어 마스크가 적용됩니다. Tools 패널에서 그레이디언트 도구(■)를 선택합니다.

> **주의점**
>
> 레이어 마스크는 검은색과 흰색의 조합으로 투명도를 조절하는 기능입니다. 그러데이션으로 그림의 투명도를 점진적으로 표현할 수 있습니다.

13 옵션바에서 'Reflected Gradient' 아이콘(■)을 클릭합니다. 캔버스를 그림과 같이 드래그하여 그러데이션을 적용합니다.

TIP ● Reflected Gradient는 가운데를 기준으로 바깥쪽으로 갈수록 어두워지는 그러데이션입니다.

14 불투명한 이미지가 점점 투명해지면서 레이어 마스크가 적용됩니다.

영상 색감 보정

프레임 디자인

키워드 자막

유튜브 스타일 자막

바 디자인

스티커 아이콘 디자인

15 Layers 패널에서 'Layer 1' 레이어의 눈 아이콘(👁)을 클릭하여 레이어를 숨깁니다. 메뉴에서 **File → Save As**를 실행합니다.

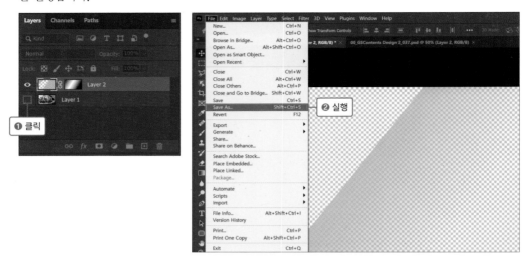

16 다른 이름으로 저장 대화상자가 표시되면 저장 위치를 지정하고 파일 이름을 '그러데이션'으로 지정합니다. 배경을 투명한 이미지로 저장하기 위해 파일 형식을 'PNG'로 지정한 다음 〈저장〉 버튼을 클릭합니다. 해당 파일은 배경이 투명하여 프리미어 프로에 불러와 영상 위에 얹어서 작업할 수 있습니다.

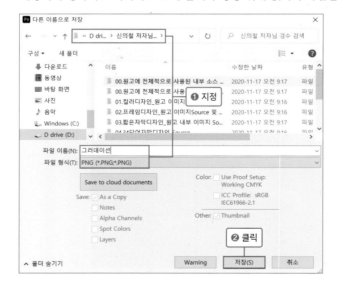

17 프리미어 프로에서 Project 패널을 더블클릭합니다. Import 대화상자가 표시되면 지정한 폴더에서 '그러데이션.png' 파일을 선택하고 〈열기〉 버튼을 클릭합니다.

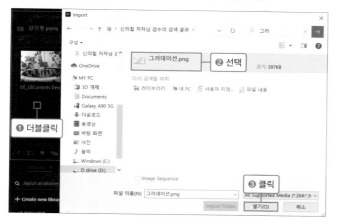

18 Project 패널에 '그러데이션.png' 파일이 위치합니다. '그러데이션.png' 파일을 Timeline 패널의 V2 트랙으로 드래그하여 '00_GSContents Design 2_037.png' 클립 위로 배치합니다.

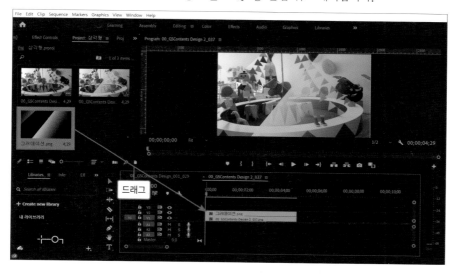

요소 생성 보정

프레임 디자인

키워드 자막

유튜브 스타일 자막

바 디자인

스타커 아이콘 디자인

19 Tools 패널에서 펜 도구(✏️)를 길게 클릭하여 사각형 도구(▭)를 선택합니다. Program Monitor 패널의 화면에 드래그하여 그림과 같이 직사각형을 그립니다.

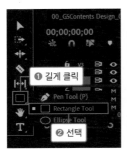

20 Tools 패널에서 선택 도구(▶)를 선택합니다. 직사각형의 조절점을 드래그하여 원하는 크기로 조절합니다. 메뉴에서 Window → Effect Controls를 실행합니다.

21 Effect Controls 패널에서 Graphics → Shape → Fill의 색상을 '검은색'으로 지정합니다. Transform → Opacity를 '50%'로 설정합니다. 직사각형의 색상과 투명도가 변경됩니다.

22 Tools 패널에서 문자 도구()를 선택한 다음 Program Monitor 패널의 화면을 클릭합니다. 'Kids Furniture,'를 입력하고 원하는 글꼴 및 글꼴 크기를 지정하여 완성합니다.

> **주의점**
>
> 자막 및 글씨에 관한 설정은 Effect Controls 패널뿐만 아니라 Essential Graphics 패널에서 Edit 탭의 Text에서도 변경할 수 있습니다.

영상 프레임
살펴 보기

세로 스크린 프레임 디자인

모바일을 통해서 세로로 촬영한 영상에 이용할 수 있는 프레임으로 구성되었습니다. 총 4종의 베리에이션 디자인을 통해서 작업을 진행할 수 있습니다.

원본 영상

총 4종의 프레임 디자인 제공

01 PART2 폴더\02_GSFrame_007_001 ⬇️

02 PART2 폴더\02_GSFrame_007_002 ⬇️

03 PART2 폴더\02_GSFrame_007_003 ⬇️

04 PART2 폴더\02_GSFrame_007_004 ⬇️

11

문이 열리는 듯한
세로 스크린 프레임 제작하기

CHAPTER | Vertical Screen Frame Design |

단순히 가운데에 구멍이 뚫린 세로 영상의 프레임도 좋지만 가운데 부분이 문처럼 열리면서 프레임으로 구성되는 영상을 프리미어 프로에서 만들어 봅니다.

• **예제파일** : PART2\00_GSContents Design 2_033.png   • **완성파일** : PART2\Vertical Screen Frame.prproj

01 프리미어 프로에서 〈New Project〉 버튼을 클릭한 다음 New Project 대화상자가 표시되면 〈OK〉 버튼을 클릭합니다. Project 패널을 더블클릭합니다. Import 대화상자가 표시되면 PART2 폴더에서 '00_GSContents Design 2_033.png' 파일을 선택하고 〈열기〉 버튼을 클릭합니다.

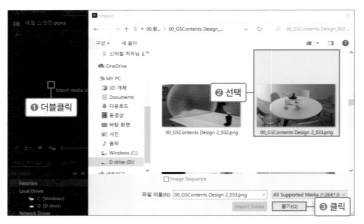

02 Project 패널에 소스가 위치합니다. Timeline 패널로 드래그하여 소스를 편집할 수 있게 배치합니다.

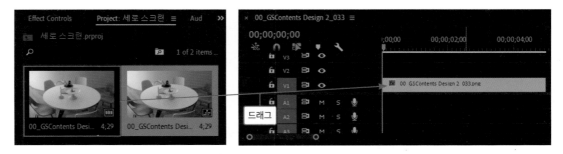

03 메뉴에서 File → New → Color Matte를 실행합니다.

04 New Color Matte 대화상자가 표시되면 〈OK〉 버튼을 클릭합니다.

05 Color Picker 대화상자가 표시되면 색상을 '#C2BFEE'로 지정한 다음 〈OK〉 버튼을 클릭합니다.

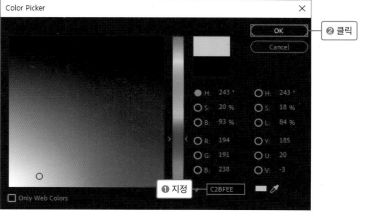

영상 색상 보정

프레임 디자인

키워드 자막

유튜브 스타일 자막

바 디자인

스티커 아이콘 디자인

06 Choose Name 대화상자가 표시되면 〈OK〉 버튼을 클릭하여 Color Matte 를 생성합니다.

07 Project 패널에 Color Matte가 생성됩니다. 'Color Matte'를 Timeline 패널의 V2 트랙으로 드래그하여 '00_GSContents Design 2_033.png' 클립 위로 배치합니다.

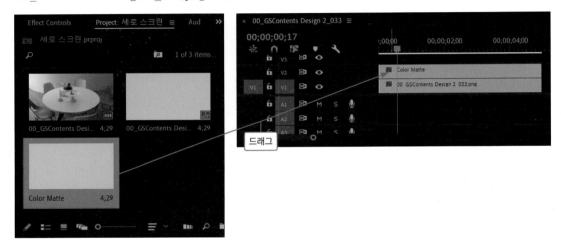

08 Tools 패널에서 문자 도구(T)를 선택합니다. Program Monitor 패널의 화면을 클릭한 다음 'SUMMER'를 입력합니다.

09 'SUMMER' 문자를 드래그하여 블록으로 지정합니다. 메뉴에서 Window → Effect Controls를 실행합니다.

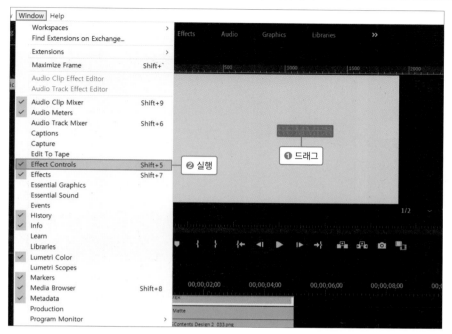

10 Effect Controls 패널의 Graphics → Text에서 텍스트의 글꼴 및 글꼴 크기를 지정합니다. 예제에서는 글꼴을 무료 폰트인 'CookieRun', 스타일을 'Black', 글꼴 크기를 '450'으로 지정했습니다. 'Faux Italic' 아이콘()을 클릭하여 문자를 기울입니다. 화면의 가운데로 문자를 이동합니다.

11 Effect Controls 패널의 Graphics → Vector Motion → Scale에서 'Uniform Scale'을 체크 해제하여 가로 와 세로 비율을 자유롭게 변형합니다. Scale Height를 '150'으로 설정하여 그림과 같이 세로로 긴 문자를 만듭 니다.

12 Tools 패널에서 펜 도구(✏)를 선택한 다음 Program Monitor 패널의 화면에 그림과 같이 평행사변형 모양을 그립니다.

주의점

평행사변형은 직선 도형이기 때문에 클릭 4번 으로 도형을 완성할 수 있습니다.

13 Effect Controls 패널의 Graphics → Shape에서 도형의 색상과 불투명도를 조절합니다. Fill을 '흰색', Opacity를 '60%'로 설정합니다. 투명한 흰색 평행사변형으로 변경됩니다.

14 11번~12번 과정과 같은 방법으로 그림과 같이 투명한 흰색 삼각형을 펜 도구로 그리고 배치합니다.

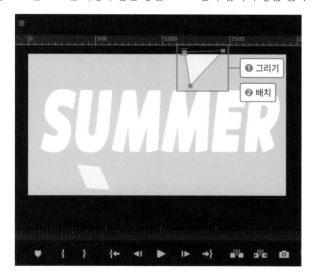

TIP ● 마스크는 앞에서 보는 방법과 같이 프레임의 역할도 할 수 있고 지금 과정과 같이 그래픽 요소로도 사용할 수 있습니다. 디테일한 그래픽 같은 경우는 어도비 일러스트레이터와 같은 전문 프로그램을 통해서 작업을 해야 하지만, 간단한 그래픽은 펜 도구(Pen Tool)를 이용해서 쉽게 적용할 수 있습니다.

15 Timeline 패널에서 V2 트랙의 'Color Matte' 클립과 V3 트랙의 'SUMMER' 클립을 선택하고 마우스 오른쪽 버튼을 클릭한 다음 **Nest**를 실행합니다.

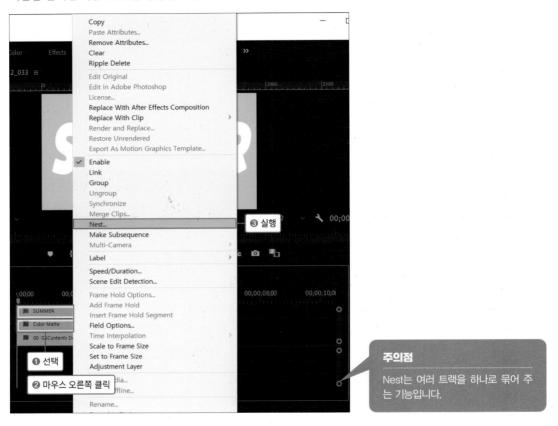

> **주의점**
>
> Nest는 여러 트랙을 하나로 묶어 주는 기능입니다.

16 Nested Sequence Name 대화상자가 표시되면 Name을 '가운데'로 입력하고 〈OK〉 버튼을 클릭합니다.

17 영상의 가운데 부분을 문처럼 여는 효과를 적용하기 위해 메뉴에서 Window → Effects를 실행합니다.

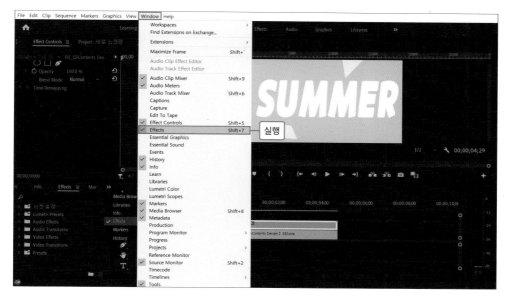

18 효과 검색 창에 'Crop'을 검색하면 Video Effects → Transform → Crop 효과가 표시됩니다. 'Crop' 효과를 V2 트랙의 '가운데' 클립으로 드래그하면 효과가 적용됩니다.

19 Effect Controls 패널에 Crop 효과가 표시됩니다. Left를 '50%'로 설정하면 그림과 같이 오른쪽 부분만 화면에 남게 됩니다.

20 시간 표시자를 영상의 시작 부분인 '00:00:00:00'으로 드래그하여 이동합니다. Effect Controls 패널에서 Video → Motion → Position의 'Toggle animation' 아이콘(◎)을 클릭합니다.

 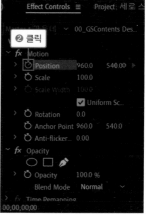

TIP ● **키 프레임 애니메이션(Toggle animation)**

키 프레임 애니메이션은 지정한 범위에 효과 및 애니메이션을 적용하는 기법입니다. 예를 들면, 0초에서 Position을 '960/540', 3초에서 Position을 '0/0'으로 설정하여 키 프레임 애니메이션을 적용하면, 1초에는 Position이 '640/360', 2초에는 Position이 '320/180'으로 규칙적인 애니메이션을 보이게 됩니다.

21 시간 표시자를 '00:00:01:15'로 드래그하여 이동한 다음 Position의 X축 값을 '1360'으로 설정합니다. 00:00:00:00부터 00:00:01:15까지 움직임이 적용됩니다.

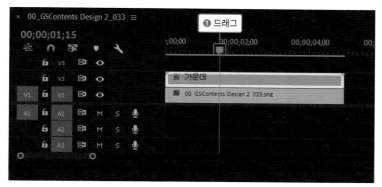 

22 V2 트랙의 '가운데' 클립을 선택한 다음 Alt 를 누른 상태로 V3 트랙으로 드래그하면 클립이 복제됩니다.

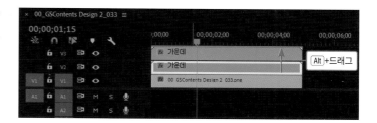

23 Effect Controls 패널에서 Graphics → Crop → Left를 '0%', Right를 '50%'로 설정하면 그림과 같이 왼쪽 부분만 화면에 남게 됩니다.

24 마지막으로 Effect Controls 패널에서 Position의 X축 값을 '560'으로 설정합니다. 스타일 프레임이 벌어지면서 영상이 표시됩니다.

25 Tools 패널에서 사각형 도구(■)를 선택한 다음 그림과 같이 화면 전체에 드래그하여 그립니다. Effect Controls 패널에서 'Fill'을 체크 해제하고 'Stroke'를 체크 표시한 다음 Stroke Width를 '30'으로 설정합니다.

필름 룩 프레임 디자인

영상 프레임
살펴 보기

빈티지 느낌의 감성 영상을 표현할 때 사용하는 4종의 필름 룩 프레임을 제공하고 있습니다.

원본 영상

총 4종의 프레임 디자인 제공

01 PART2 폴더\02_GSFrame_008_001 ⬇

02 PART2 폴더\02_GSFrame_008_002 ⬇

03 PART2 폴더\02_GSFrame_008_003 ⬇

04 PART2 폴더\02_GSFrame_008_004 ⬇

영상 색상 보정

프레임 디자인

키워드 자막

유튜브 스타일 자막

바 디자인

스티커 아이콘 디자인

12

빈티지한 감성의

필름 룩 프레임 제작하기

CHAPTER | Filmlook Frame Design |

필름 스타일의 프레임은 마치 영화의 한 장면을 보는 듯한 느낌을 줍니다. 직접 만들어 사용하는 것도 좋지만, 유튜브에서 제공하는 크로마키 무료 소스를 사용하여 디자인해 보겠습니다.

· 예제파일 : PART2\00_GSContents Design 2_052.png, 무료 필름 소스.mp4 · 완성파일 : PART2\Filmlook Frame.prproj

01 프리미어 프로에서 〈New Project〉 버튼을 클릭한 다음 New Project 대화상자가 표시되면 〈OK〉 버튼을 클릭합니다. Project 패널을 더블클릭합니다. Import 대화상자가 표시되면 PART2 폴더에서 '00_GSContents Design 2_052.png', '무료 필름 소스.mp4' 파일을 선택하고 〈열기〉 버튼을 클릭합니다.

02 Project 패널에 소스가 위치합니다. '00_GSContents Design 2_052.png' 파일을 Timeline 패널의 V1 트랙으로 드래그합니다.

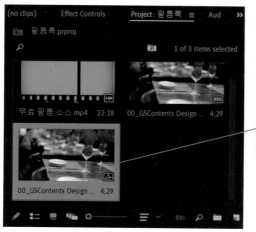

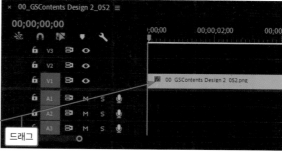

03 '무료 필름 소스.mp4' 파일을 Timeline 패널의 V2 트랙으로 드래그합니다.

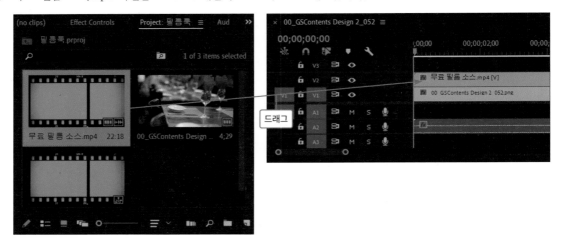

04 크로마키 효과를 적용하기 위해 메뉴에서 **Window → Effects**를 실행합니다.

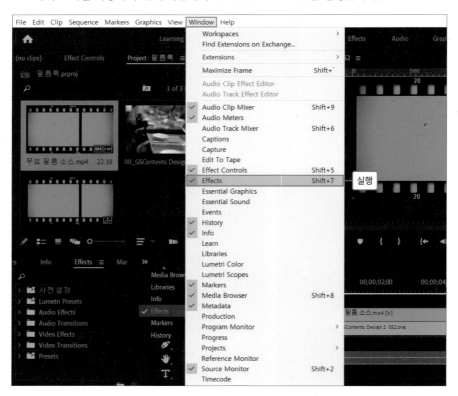

05 효과 검색 창에 'Ultra Key'를 검색하면 Video Effects → Keying → Ultra Key 효과가 표시됩니다. 'Ultra Key' 효과를 V2 트랙의 '무료 필름 소스.mp4' 클립으로 드래그하여 효과를 적용합니다.

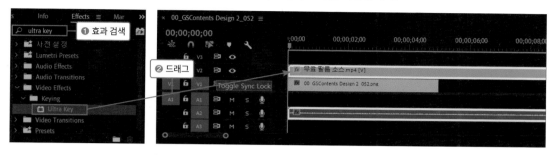

06 메뉴에서 Window → Effect Controls를 실행합니다.

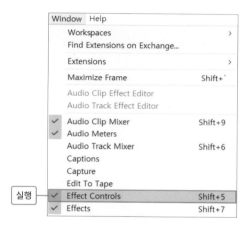

07 Effect Controls 패널의 Graphics → Ultra Key → Key Color 옆에 있는 '스포이트' 아이콘(🖊)을 클릭합니다.

영상 색상 보정

프레임 디자인

키워드 지만

유튜브 스타일 지만

바 디자인

스티커 아이콘 디자인

08 Program Monitor 패널에서 초록색 화면 부분을 클릭하면 그림과 같이 초록색 부분이 사라지게 됩니다. 초록색 부분의 정보가 전부 투명하게 처리되었습니다.

TIP ● Ultra Key를 활용하면 유튜브나 다른 사이트에서 다운받은 크로마키 소스를 영상에 합성하여 사용할 수 있습니다.

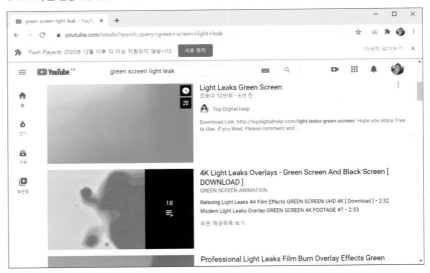

브러시 프레임 디자인

붓으로 그린 선, 터치를 이용한 디자인으로 동양적인 느낌에 적용할 수 있습니다. 총 8종의 베리에이션 디자인을 통해서 작업을 진행할 수 있습니다.

원본 영상   **총 8종의 프레임 디자인 제공**

01　PART2 폴더\02_GSFrame_009_001 ⬇

02　PART2 폴더\02_GSFrame_009_002 ⬇

03　PART2 폴더\02_GSFrame_009_003 ⬇

04　PART2 폴더\02_GSFrame_009_004 ⬇

05　PART2 폴더\02_GSFrame_009_005 ⬇

06　PART2 폴더\02_GSFrame_009_006 ⬇

07   PART2 폴더\02_GSFrame_009_007 ⬇

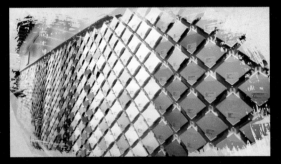

08   PART2 폴더\02_GSFrame_009_008 ⬇

13

거친 브러시 느낌의
브러시 프레임 제작하기

CHAPTER | Brush Frame Design |

프리미어 프로에서는 마스크 기능과 기본 효과를 이용하여 브러시 느낌이 나는 프레임을 어느 정도 구현할 수 있습니다. 거친 브러시 느낌이 나는 프레임을 만들어 봅니다.

• **예제파일** : PART2\00_GSContents Design 3_027.png　　• **완성파일** : PART2\Brush Frame.prproj

---

01 프리미어 프로에서 〈New Project〉 버튼을 클릭한 다음 New Project 대화상자가 표시되면 〈OK〉 버튼을 클릭합니다. Project 패널을 더블클릭합니다.

Import 대화상자가 표시되면 PART2 폴더에서 '00_GSContents Design 3_027.png' 파일을 선택하고 〈열기〉 버튼을 클릭합니다.

02 Project 패널에 소스가 위치합니다. Timeline 패널로 드래그하여 소스를 편집할 수 있게 배치합니다.

03 구글에 'old paper texture pixabay'를 검색합니다. 오래된 종이 느낌의 소스가 표시됩니다. 원하는 종이 느낌의 소스를 선택합니다.

04 해당 소스는 상업적으로 사용이 가능한 무료 소스이기 때문에 자유롭게 다운받아 사용할 수 있습니다. 〈무료 다운로드〉 버튼을 클릭한 다음 크기를 선택하고 〈다운로드〉 버튼을 클릭합니다. 다운로드 대화상자가 표시되면 '로봇이 아닙니다.'를 체크 표시한 다음 〈다운로드〉 버튼을 클릭합니다.

영상 색보정

프레임 디자인

키워드 지식

유튜브 스타일 지식

바 디자인

스티커 아이콘 디자인

05 다운로드한 소스를 프리미어 프로로 불러온 다음 V2 트랙으로 드래그합니다.

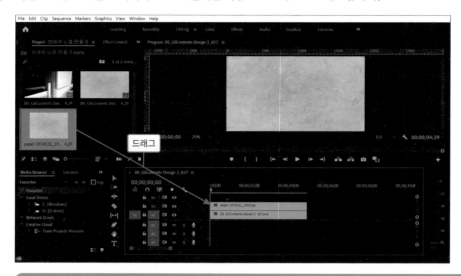

06 Tools 패널에서 펜 도구(✐)를 길게 클릭하여 원형 도구(◯)를 선택합니다. Program Monitor 패널에서 화면에 드래그하여 그림과 같이 원을 그립니다.

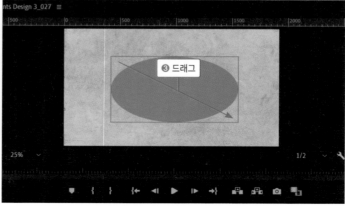

07 원의 색상을 변경하기 위해 메뉴에서 **Window → Effect Controls**를 실행합니다.

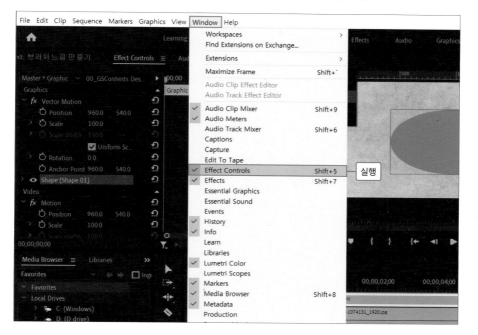

08 Effect Controls 패널에서 Graphics → Shape → Fill의 색상 상자를 클릭합니다. Color Picker 대화상자
가 표시되면 색상을 '#FFFFFF'로 지정한 다음 〈OK〉 버튼을 클릭합니다.

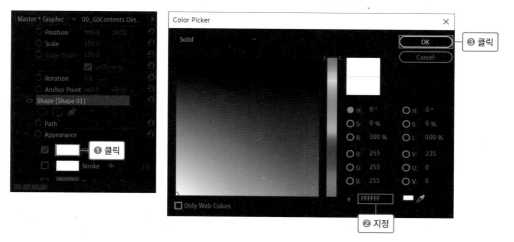

09 거친 프레임을 만들기 위해 메뉴에서 Window → Effects를 실행합니다.

10 효과 검색 창에 'Roughen Edges'를 검색하면 Video Effects → Stylize → Roughen Edges 효과가 표시됩니다. 'Roughen Edges' 효과를 V3 트랙의 'Graphic' 클립으로 드래그하여 효과를 적용합니다.

11 Effect Controls 패널에서 그림과 같이 Roughen Edges를 설정합니다. 브러시 느낌의 가장자리가 생성됩니다.

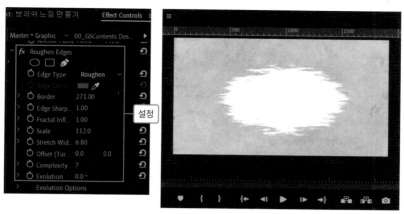

주의점

소스에 따라 다양한 느낌의 가장자리가 만들어지기 때문에 다양한 설정을 통해 최적의 효과를 만듭니다.

12 효과 검색 창에 'Track Matte Key'를 검색하면 Video Effects → Keying → Track Matte Key 효과가 표시됩니다. 'Track Matte Key' 효과를 V2 트랙의 '종이 질감' 클립으로 드래그하여 효과를 적용합니다.

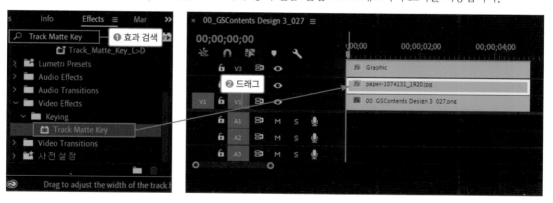

주의점

Effects 패널에서 효과를 적용할 때 해당 효과를 드래그하지 않고 더블클릭하여 적용할 수도 있습니다.

13 Effect Controls 패널에서 Graphics → Track Matte Key → Matte를 'Video 3'로 지정한 다음 Composite Using을 'Matte Luma'로 지정합니다. 'Reverse'를 체크 표시하면 그림과 같이 구멍이 뚫린 형태로 영상이 보입니다.

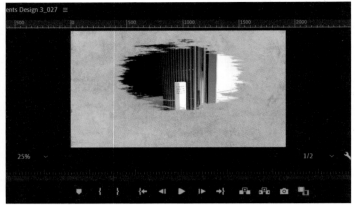

14 V3 트랙에서 'Graphic' 클립을 선택합니다. Effect Controls 패널의 Graphics → Vector Motion → Position 값과 Scale 값을 화면의 비율에 맞게 설정합니다. 위치와 크기를 변경해도 형태는 유지되기 때문에 기호에 맞게 소스를 배치합니다.

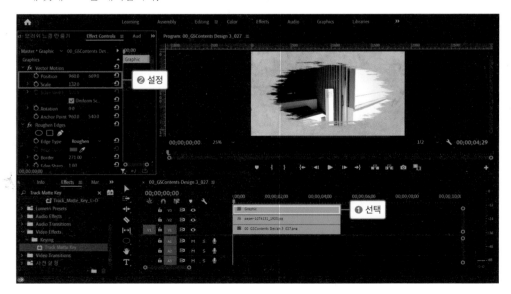

사진 프레임 디자인

폴라로이드와 같은 사진 프레임 디자인을 이용할 수 있는 프레임으로 구성되었습니다. 총 10종의 베리에이션 디자인을 통해서 작업을 진행할 수 있습니다.

원본 영상

총 10종의 프레임 디자인 제공

01 PART2 폴더\02_GSFrame_010_001 📥

02 PART2 폴더\02_GSFrame_010_002 📥

03 PART2 폴더\02_GSFrame_010_003 📥

04 PART2 폴더\02_GSFrame_010_004 📥

05 PART2 폴더\02_GSFrame_010_005 📥

06 PART2 폴더\02_GSFrame_010_006 📥

07 PART2 폴더\02_GSFrame_010_007 ⬇

09 PART2 폴더\02_GSFrame_010_009 ⬇

08 PART2 폴더\02_GSFrame_010_008 ⬇

10 PART2 폴더\02_GSFrame_010_010 ⬇

사진 프레임 제작하기

CHAPTER | Photo Frame Design |

폴라로이드 사진 느낌의 프레임은 브이로그나 인트로 등 다양한 형태로 사용
할 수 있습니다. 프리미어 프로에서 직접 폴라로이드 사진 형태의 프레임을
만드는 방법에 대해 알아봅니다.

· **예제파일** : PART2\00_GSContents Design 3_022.png, 종이 질감.jpg   · **완성파일** : PART2\Photo Frame.prproj

---

01 프리미어 프로에서 〈New Project〉 버튼
을 클릭한 다음 New Project 대화상자
가 표시되면 〈OK〉 버튼을 클릭합니다.
Project 패널을 더블클릭합니다. Import
대화상자가 표시되면 PART2 폴더에서
'00_GSContents Design 3_022.png',
'종이 질감.jpg' 파일을 선택하고 〈열기〉
버튼을 클릭합니다.

02 Project 패널에 소스가 위치합니다. '00_GSContents Design 3_022.png' 파일을 Timeline 패널의 V1 트
랙으로 드래그합니다.

03 '종이 질감.jpg' 파일을 Timeline 패널의 V2 트랙으로 드래그합니다.

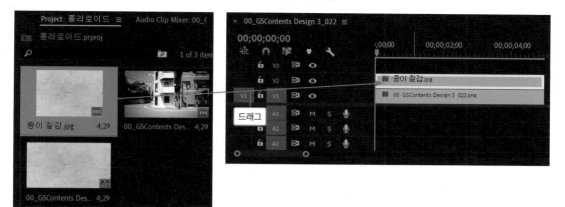

04 종이 질감 하단 부분을 투명하게 만들기 위해 메뉴에서 **Window → Effect Controls**를 실행합니다.

05 Effect Controls 패널의 Video → Opacity에서 'Free draw bezier' 아이콘(🖊)을 클릭합니다.

06 Program Monitor 패널에서 화면을 클릭하여 그림과 같이 마스크를 적용합니다.

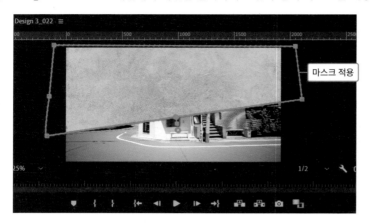

07 Mask → Mask Feather를 '930', Mask Expansion을 '157'으로 설정합니다. 경계 부분이 흐려지면서 자연스럽게 종이 질감과 배경이 합성됩니다.

TIP • **Mask**

❶ **Mask Path** : 마스크를 변형할 때 사용합니다. 재생 버튼을 클릭하면 얼굴이나 차량 번호판 등 특정 물체를 추적할 수도 있습니다.

❷ **Mask Feather** : 경계 부분의 흐림 정도를 설정합니다. 숫자가 커질수록 흐림의 강도가 심해집니다.

❸ **Mask Opacity** : 마스크의 투명도를 설정합니다. 숫자가 커질수록 마스크가 불투명합니다.

❹ **Mask Expansion** : 마스크의 확장을 설정합니다. 숫자가 커질수록 마스크가 확장됩니다. 숫자가 커질수록 모서리가 둥글게 확장되는 것이 특징입니다.

08 Tools 패널에서 펜 도구(✏️)를 길게 클릭한 다음 사각형 도구(⬜)를 선택합니다. Program Monitor 패널의 화면을 드래그하여 그림과 같이 사각형을 그립니다.

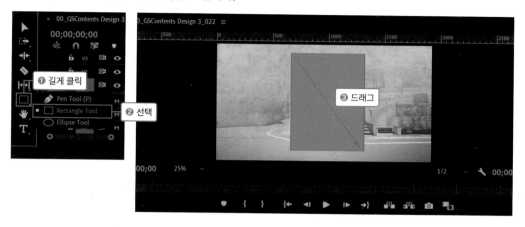

09 Tools 패널에서 선택 도구(▶)를 선택합니다. 사각형의 색상과 불투명도를 변경하기 위해 메뉴에서 **Window** → **Effect Controls**를 실행합니다.

10 Effect Controls 패널에서 Graphics → Shape → Fill을 '흰색', 'Shadow'를 체크 표시합니다. 도형의 그림
자가 흐릿하게 보입니다.

11 Timeline 패널에서 V1 트랙의 '00_GSContents Design 3_022.png' 클립을 선택합니다. [Alt]를 누른 상태로
V4 트랙으로 드래그하여 복제합니다.

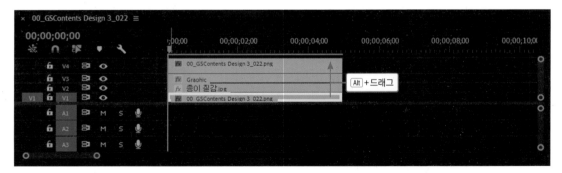

12 V4 트랙의 '00_GSContents Design 3_022.png' 클립을 선택합니다. Effect Controls 패널의 Video →
Opacity에서 'Create 4-point polygon mask' 아이콘(■)을 클릭합니다. Program Monitor 패널의 화면
에 사각형 모양 마스크가 생성됩니다.

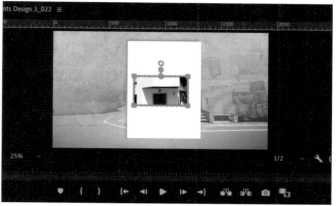

13 마스크의 오른쪽 위에 있는 조절점을 선택한 다음 드래그하여 그림과 같이 변형합니다.

14 마스크의 왼쪽 위에 있는 조절점을 선택한 다음 드래그하여 그림과 같이 변형합니다.

15 마스크의 왼쪽 아래에 있는 조절점을 선택한 다음 드래그하여 그림과 같이 변형합니다.

TIP ● **Mask 모서리 설정**

마스크의 모양을 변형할 때 Shift를 누른 상태로 드래그하면 모양이 틀어지지 않고 반듯한 모양으로 변형할 수 있습니다.

16 마지막으로 오른쪽 아래에 있는 조절점을 선택한 다음 드래그하여 그림과 같이 만들어 줍니다.

17 Effect Controls 패널에서 Video → Opacity → Mask → Mask Feather를 '0'으로 설정합니다. 사진 프레임 모양의 스타일 프레임이 완성됩니다.

영상 색상 보정

프레임 디자인

키프레임 지원

유튜브 스타일 지원

비 디자인

스티커 아이콘 디자인

VIDEO EDITING PATTERN

PROCESS
작업 과정

PART

3

커뮤니케이션을
위한
자막 기본

간결한 짧은 자막

키워드 자막 스타일 제작하기

CHAPTER | Keyword Subtitles |

TV의 영상을 많이 보면 다양한 형태의 자막이 등장합니다. 이 자막들은 영상을 더 풍부하게 만들면서 동시에 보는 사람들과의 소통을 하는 데 중요한 역할을 합니다. 하지만 자막에 단순한 흰색의 글자만 나타내는 경우는 드뭅니다. 이는 자막은 보는 사람들과의 소통을 원활하게 하는 도구이기 때문입니다.

키워드 형태의 짧은 자막

키워드 자막 디자인은 총 30종으로 구성되어 있으며 짧게는 1~7글자 정도로 구성되어 있습니다. 각 디자인은 다른 색상과 서체로 구성되어 있어서 필요에 맞게 글자를 변경해서 사용할 수 있습니다.

이 책에서 사용된 무료 서체뿐만 아니라 구입한 서체들을 사용하여 서체를 바꾸어 주는 것만으로도 수많은 조합의 디자인을 할 수 있습니다.

이 책에서 사용된 디자인을 만들 수 있는 폰트는 다음과 같습니다. 폰트는 인터넷을 통해서 미리 다운로드합니다.

사용 폰트

- 연성체(배달의 민족)
- 나눔바른펜(네이버)
- 나눔펜체(네이버)
- 빙그레체2 Bold(빙그레)
- 도현체(배달의 민족)
- 아리따 돋움체 4.0(아모레퍼시픽)
- 나눔 브러시 스크립트체(네이버)
- 주아체(배달의 민족)

다운로드

- 배달의 민족(우아한 형제) : www.woowahan.com/#/fonts
- 네이버 소프트웨어 : software.naver.com/software/fontList.nhn?categoryId=I0000000
- 아모레퍼시픽 : www.apgroup.com/int/ko/about–us/visual–identity/arita–typeface.html
- 빙그레 : www.bingfont.co.kr

키워드 자막 디자인

짧은 자막은 주로 눈에 띄도록 영상과 색 대비가 있는 컬러를 이용하여 구성하는 경우가 많습니다. 이 책에서 제공하는 스타일이 적용된 다양한 짧은 자막을 확인해 보세요.

영상 쌓아 보정

프레임 디자인

키워드 자막

유튜브 스타일 자막

바 디자인

스티커 아이콘 디자인

01 PART3 폴더\'이런 건 없어~' 자막의 모습(서체 : 연성체(배달의 민족))

02 PART3 폴더\'정신승리' 자막의 모습(서체 : 도현체(배달의 민족))

03 PART3 폴더\'봄날' 자막의 모습(서체 : 연성체(배달의 민족))

04   PART3 폴더\'반가워~' 자막의 모습(서체 : 나눔바른펜(네이버))

05   PART3 폴더\'ㅋㅋㅋㅋㅋㅋ' 자막의 모습(서체 : 도현체(배달의 민족))

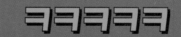

06   PART3 폴더\'커피갬성…' 자막의 모습(서체 : 연성체(배달의 민족))

07 PART3 폴더\'우물우물' 자막의 모습(서체 : 연성체(배달의 민족))

08 PART3 폴더\'빼앰!' 자막의 모습(서체 : 도현체(배달의 민족))

09 PART3 폴더\'어후~얘!' 자막의 모습(서체 : 아리따 돋움체 4.0(아모레퍼시픽))

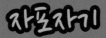

10 PART3 폴더\'자포자기' 자막의 모습(서체 : 나눔펜체(네이버))

11 PART3 폴더\'머쓱 머쓱' 자막의 모습(서체 : 연성체(배달의 민족))

12 PART3 폴더\'진지' 자막의 모습(서체 : 도현체(배달의 민족))

13 PART3 폴더\\'기대 기대!!' 자막의 모습(서체 : 나눔펜체(네이버))

14 PART3 폴더\\'패치완료' 자막의 모습(서체 : 연성체(배달의 민족))

15 PART3 폴더\\'어질어질' 자막의 모습(서체 : 나눔 브러시 스크립트체(네이버))

16 PART3 폴더\'커피한잔' 자막의 모습(서체 : 나눔펜체(네이버))

17 PART3 폴더\'활동 개시!' 자막의 모습(서체 : 아리따 돋움체 4.0(아모레퍼시픽))

18 PART3 폴더\'먹고.. 또 먹고..' 자막의 모습(서체 : 아리따 돋움체 4.0(아모레퍼시픽))

19 PART3 폴더\'!!!' 자막의 모습(서체 : 연성체(배달의 민족))

20 PART3 폴더\'맛있다~' 자막의 모습(서체 : 나눔펜체(네이버))

21 PART3 폴더\'사르르~' 자막의 모습(서체 : 나눔펜체(네이버))

영상 색상 보정

프레임 디자인

키워드 자막

유튜브 스타일 자막

바 디자인

스티커 이모트 디자인

22 PART3 폴더\'쇼핑 하울!' 자막의 모습(서체 : 빙그레체2 Bold(빙그레))

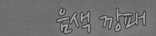

23 PART3 폴더\'음색 깡패' 자막의 모습(서체 : 나눔펜체(네이버))

24 PART3 폴더\'묘린이' 자막의 모습(서체 : 연성체(배달의 민족))

배고파!

배고파!

25 PART3 폴더\'배고파!' 자막의 모습(서체 : 주아체(배달의 민족))

헤이~

헤이~

26 PART3 폴더\'헤이~' 자막의 모습(서체 : 빙그레체2 Bold(빙그레))

에피소드#17

에피소드#17

27 PART3 폴더\'에피소드#17' 자막의 모습(서체 : 나눔바른펜(네이버))

28 PART3 폴더\'핵꿀팁' 자막의 모습(서체 : 연성체(배달의 민족))

29 PART3 폴더\'레전드' 자막의 모습(서체 : 도현체(배달의 민족))

30 PART3 폴더\'따끈 따끈' 자막의 모습(서체 : 연성체(배달의 민족))

키워드 자막 디자인 소스 사용하기

CHAPTER │ Essential Graphics │

이 책에서 제공하는 키워드 자막 디자인 파일은 Motion Graphics Template(mogrt) 파일로 제공됩니다. mogrt 파일은 영상, 이미지 소스와는 달리 Essential Graphics 패널에서 불러올 수 있습니다. mogrt 파일을 불러오는 방법은 프레임 디자인 파일을 불러오는 과정과 같습니다.

• **예제파일** : PART3\03GettingStartedType001.mogrt

---

01 메뉴에서 Window → Essential Graphics를 실행합니다.

▲ Window → Essential Graphics를 실행

▲ Essential Graphics

02 Essential Graphics 패널에서 오른쪽 하단의 'Install Motion Graphics template' 아이콘()을 클릭합니다. 열기 대화상자가 표시되면 PART3 폴더에서 '03GettingStartedType001. mogrt' 파일을 선택한 다음 〈열기〉 버튼을 클릭합니다.

▲ Install Motion Graphics template 아이콘

▲ mogrt 파일을 선택

불러온 파일은 셋업하는 과정을 거친 다음 Essential Graphics 패널의 〔Browse〕 탭에서 〈My Templates〉 버튼을 클릭하면 확인할 수 있습니다. 보통은 이 화면이 기본 화면으로 설정되어 있습니다.

03 불러온 자막 디자인을 하단의 Timeline 패널로 드래그하면 화면에 불러온 모습을 확인할 수 있습니다.

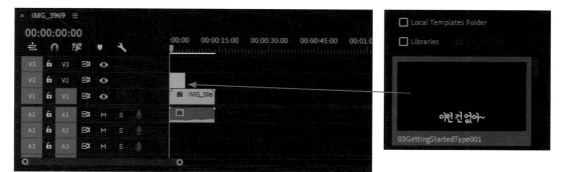

▲ Timeline 패널로 드래그

▲ 첫 번째 자막이 등장한 모습

영상 클립 위에 자막 클립을 드래그하였습니다.

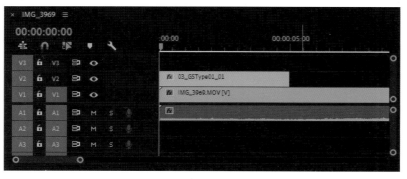

▲ 영상 클립 위에 자막 클립을 위치시킨 모습

소스에서 제공하는

키워드 자막 디자인 선택하기

CHAPTER | Essential Graphics |

모션 그래픽 템플릿을 통해서 다른 자막을 적용하는 방법을 알아보겠습니다. 이 책에서 제공하는 자막을 순서대로 선택하여 자막 스타일을 확인하고 원하는 자막 스타일을 선택 적용해 봅니다.

01 Timeline 패널에서 '03_GSType01_01' 클립을 선택하면 Essential Graphics 패널의 (Edit) 탭이 자동으로 활성화됩니다.

▲ Timeline 패널에서 03_GSType01_01 클립을 선택

02 Essential Graphics 패널의 (Edit) 탭을 보면 흰색의 눈 아이콘 은 레이어를 표시하고, 사선이 있는 파란색 눈의 아이콘은 레이어 를 숨깁니다. 레이어 순서대로 화면에 표시됩니다.

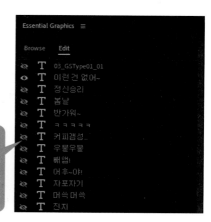

주의점

(Edit) 탭이 활성화된 모습(만약 (Edit) 탭이 활성화되지 않으면 (Edit) 글자 부분을 클릭합니다).
Essential Graphics 패널에 30종의 자막이 있습니다.

03 다른 자막을 적용할 때는 현재의 자막이 안 보이도록 설정하고 다른 자막이 보이도록 설정합니다.

▲ '이런 건 없어~' 레이어를 숨기고 '커피갬성...'　　　▲ '커피갬성...' 자막이 적용된 모습
　　레이어를 표시

04 Essential Graphics 패널의 [Edit] 탭에서 해당 텍스트의 글꼴 및 자막 설정을 변경할 수 있습니다. Text에
서는 자막에 대한 설정 및 크기를, Appearance에서는 자막의 색상 및 테두리, 그림자, 배경을 설정할 수 있습
니다.

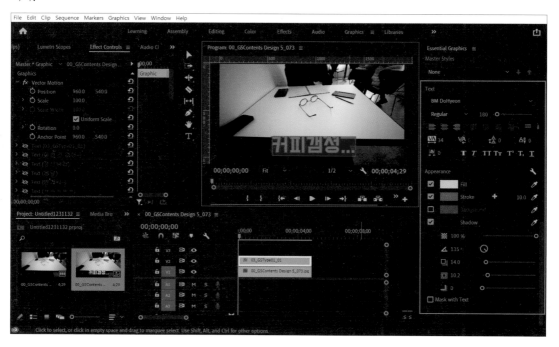

원하는 형태에 맞게 자막 수정하기

CHAPTER | Essential Graphics |

자막은 사용자가 원하는 형태로 위치나 폰트 크기, 컬러, 글자 등을 자유롭게 수정할 수 있으며, 자막에 적용된 스타일도 변경이 가능합니다. 여기서는 자막 수정 방법에 대해 알아봅니다.

01 Essential Graphics 패널의 (Edit) 탭에서 '커피갬성…' 레이어를 선택하면 화면에서는 글자 주변에 사각형 영역이 표시되고 Essential Graphics 패널의 하단 부분에는 글자를 수정할 수 있는 기능이 표시됩니다.

▲ 글자 주변에 사각형 영역이 표시된 모습

▶ 글자를 수정할 수 있는 기능이 표시된 모습

02 Tools 패널에서 선택 도구를 선택한 다음 글자를 드래그하여 원하는 위치로 이동합니다.

▲ 선택 도구를 선택

▲ 글자의 위치를 이동한 모습

03 글자를 수정하는 방법을 알아보겠습니다. Tools 패널에서 문자 도구를 선택하면 글자 주변에 빨간색으로 사각형 영역이 표시됩니다. 글자를 수정할 수 있는 상태이며, 글자를 클릭하면 수정할 수 있습니다. 원하는 내용으로 수정한 다음 글자의 길이에 따라서 위치를 다시 조정합니다.

▲ 문자 도구를 선택

▲ 수정 가능한 모습의 빨간색 사각형 영역

▲ 글자 수정 후 화면 프레임 밖으로 글자가 벗어난 모습   ▲ 선택 도구를 이용하여 위치를 이동

04 Text에서 글자의 크기와 자간 등을 수정할 수 있습니다. 글자 크기를 '150'으로 설정하고 자간을 '−23'으로 설정 하면 글자 크기가 작아지면서 자간도 좁아지는 모습을 확인할 수 있습니다. Text의 기능들은 다양한 프로그램 에서 사용되는 기능이기 때문에 한번씩 사용해 보면 기능을 알 수 있습니다.

▲ Text에서 수정   ▲ 수정이 반영된 자막의 모습

05 글자의 스타일을 좌우하는 서체 교체와 색 작업을 해 보겠습니다. Text의 폰트 리스트에서 'BM JUA_TTF'를 선택합니다. 컴퓨터에 다양한 서체를 설치하거나 유료 서체를 구입하면 더 쉽게 다양한 스타일로 변화를 줄 수 있습니다.

▲ BM JUA 서체를 선택

▲ 서체를 변경한 모습

06 Apperance는 Fill, Stroke, Shadow 세 가지로 구분되어 있습니다. 각 설정의 색상 상자를 클릭하여 색을 지정할 수 있습니다. Appearance에서 Stroke의 색상 상자를 클릭하여 Color Picker 대화상자가 표시되면 색을 수정할 수 있습니다.

▲ Stroke의 색상 상자를 클릭

▲ Color Picker 대화상자에서 파란색을 선택한 모습

Appearance에서 Stroke Width '25'로 설정하여 선을 더 두껍게 만
들어 줍니다.

▲ 글자 테두리 색을 변경한 모습

07 Shadow에 대해서 알아보겠습니다. Shadow는 크게 다섯 가지의 설정을 변경하여 자막 디자인을 완성할 수 있습니다.

❶ Opacity : 그림자의 투명도
❷ Angle : 그림자의 각도
❸ Distance : 그림자의 거리
❹ Size : 그림자의 크기
❺ Blur : 그림자가 뿌옇게 흐려지는 블러 효과

Size를 '50', Blur를 '250'으로 설정합니다. 이 책에서 제공되는 자막 디자인을 다양한 서체(폰트)로 변경하고 색을 변경할 수 있습니다.

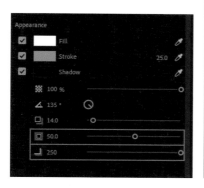

▲ 글자의 그림자를 수정한 모습

TIP ● **Effect Controls 패널**

자막은 Essential Graphics 패널의 (Edit) 탭뿐만 아니라 Effect Controls 패널에서도 수정 및 변경할 수 있습니다. Graphics → Text(텍스트)의 하위 항목에 다양한 자막 관련된 옵션이 있기 때문에 여기서 변경해도 똑같이 반영됩니다.

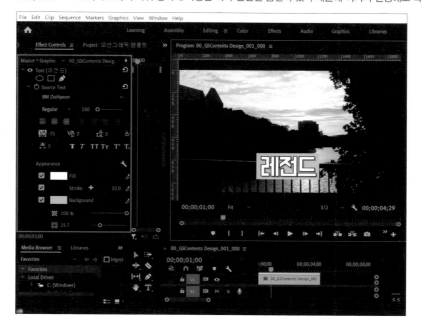

VIDEO EDITING PATTERN

PROCESS
작업 과정

PART
4

문장형 자막
&
가독성 디자인

유튜브 스타일 자막 제작하기

CHAPTER | Youtube Subtitles |

키워드 자막 디자인이 간단한 느낌 전달 위주의 기능을 한다면 3~4단어로 이루어진 유튜브 스타일 자막 디자인은 정보 전달의 성격을 띠고 있습니다. 서체와 색, 크기 등을 매우 다양하게 사용하며 짧은 영상 속에 아주 잠깐 등장하고 없어지기 때문에 순간 자막이 읽히도록 만들어야 합니다. TV 같은 경우 많은 예능 프로그램에서 매우 다양하고 화려한 자막을 사용하고 있습니다.

유튜브 스타일 자막

유튜브 스타일 자막 디자인은 총 25종으로 구성되어 있으며 짧게는 6글자에서 길면 15글자 정도로 구성되어 있습니다. 각 디자인은 다른 색과 서체로 구성되어 있어서 필요에 맞게 글자를 변경해서 사용할 수 있습니다. 짧은 자막 디자인과 다르게 여러 가지 크기와 색, 서체가 사용되는 특징을 가지고 있습니다.

이 책에서 사용된 무료 서체뿐만 아니라 따로 구입한 서체들을 사용하여 서체를 바꿔 주는 것 만으로도 수많은 조합을 사용할 수 있습니다.

사용 폰트

이 챕터에 사용된 폰트는 다음과 같습니다. 다음 폰트는 인터넷을 통해서 미리 다운받습니다. 폰트를 다운받을 수 있는 곳은 176p를 참고합니다. 또한 여러 포털 사이트에 검색하여 더 쉽게 다운로드할 수 있습니다.

- 연성체(배달의 민족)
- 나눔바른펜(네이버)
- 나눔펜체(네이버)
- 빙그레체2 Bold(빙그레)
- 빙그레체 Bold(빙그레)
- 주아체(배달의 민족)

- 도현체(배달의 민족)
- 아리따 돋움체 4.0(아모레퍼시픽)
- 나눔 브러시 스크립트체(네이버)
- 빙그레체2 Regular(빙그레)
- 빙그레체 Regular(빙그레)

영상 자막 살펴 보기

유튜브 스타일 예능 자막 디자인

유튜브 스타일 자막은 사용자가 영상을 스킵(Skip)이 가능하다는 특성으로 인해, 눈에 띄게 만들기 위해 다양한 형태와 화려한 색감이 특징입니다.

01 PART4 폴더\'눈이와 비와의 여행!' 자막의 모습(서체 : 연성체(배달의 민족))

02 PART4 폴더\'의미심장하게 앞으로!' 자막의 모습(서체 : 도현체(배달의 민족))

눈꽃빙수를 향해서 고고~!

03 PART4 폴더\'눈꽃빙수를 향해서 고고~!' 자막의 모습(서체 : 연성체(배달의 민족))

케이크 사러 가자!

04 PART4 폴더\'케이크 사러 가자!' 자막의 모습(서체 : 나눔바른펜(네이버), 한나체(배달의 민족))

결론부터 말하면
어차피 인생은 경험

05 PART4 폴더\'결론부터 말하면 어차피 인생은 경험' 자막의 모습(서체 : 도현체(배달의 민족))

06 PART4 폴더\'"여행지 쇼핑 하울"' 자막의 모습(서체 : 연성체(배달의 민족))

07 PART4 폴더\'(너가 거기서 왜 나와...)' 자막의 모습(서체 : 연성체(배달의 민족))

08 PART4 폴더\'따끈따끈 최고의 필터앱 'hndl'리뷰' 자막의 모습(서체 : 아리따 돋움체 4.0(아모레퍼시픽))

영상 색상 보정

프레임 디자인

키워드 자막

유튜브 스타일 자막

바 디자인

스티커 이미지 디자인

09 PART4 폴더\'비포 & 애프터' 자막의 모습(서체 : 아리따 돋움체 4.0(아모레퍼시픽), 빙그레체 Bold(빙그레))

10 PART4 폴더\'묘린이의 필수템!' 자막의 모습(서체 : 빙그레체 Regular(빙그레), 빙그레체2 Bold(빙그레))

11 PART4 폴더\'"이 세상 텐션 아님 주의!"' 자막의 모습(서체 : 나눔펜체(네이버))

12 PART4 폴더\'도데체 왜 이러는 걸까요?' 자막의 모습(서체 : 연성체(배달의 민족))

13 PART4 폴더\'모든 것을 리뷰해드립니다.' 자막의 모습(서체 : 도현체(배달의 민족))

14 PART4 폴더\'(10분 순삭) 클릭하지 마세요!' 자막의 모습(서체 : 나눔펜체(네이버))

영상 색상 보정

프레임 디자인

키워드 자막

유튜브 스타일 자막

바 디자인

스티커 아이콘 디자인

15 PART4 폴더\'#추억의 〈레전드〉 특집' 자막의 모습(서체 : 나눔 브러시 스크립트체(네이버))

16 PART4 폴더\'레알!!! 여기가 바로 천국이구나!' 자막의 모습(서체 : 나눔펜체(네이버))

17 PART4 폴더\'두유노우 케이팝?' 자막의 모습(서체 : 나눔펜체(네이버), 도현체(배달의 민족))

18 PART4 폴더\'이미 대세템이 되버렸다' 자막의 모습(서체 : 나눔펜체(네이버), 빙그레체2 Bold(빙그레))

19 PART4 폴더\'〈공지〉 꼭 확인은 필수!' 자막의 모습(서체 : 아리따 돋움체 4.0(아모레퍼시픽))

20 PART4 폴더\'"LIVE" 구독자 이벤트 지금 부터 시작' 자막의 모습(서체 : 아리따 돋움체 4.0(아모레퍼시픽))

21 PART4 폴더\'#그냥 생김주의' 자막의 모습(서체 : 연성체(배달의 민족), 주아체(배달의 민족))

22 PART4 폴더\'홈트레이닝 100일 함께해요' 자막의 모습(서체 : 빙그레체 Bold(빙그레))

23 PART4 폴더\'주목! 랜선 집사 입덕 영상' 자막의 모습(서체 : 도현체(배달의 민족))

24 PART4 폴더\'조심.. 공지 말씀을 드릴게요...' 자막의 모습(서체 : 연성체(배달의 민족))

25 PART4 폴더\'잔뜩 긴장한 표정으로' 자막의 모습(서체 : 빙그레체2 Regular(빙그레), 빙그레체2 Bold(빙그레))

여러 가지 스타일이 적용된

자막 수정하기

CHAPTER | Essential Graphics |

유튜브에서 사용되는 스타일의 자막도 사용자가 원하는 형태로 위치나 폰트 크기, 컬러, 글자 등을 자유롭게 수정할 수 있으며, 자막에 적용된 스타일도 변경이 가능합니다. 여기서는 여러 가지 스타일이 적용된 자막 수정 방법에 대해 알아봅니다.

• **예제파일** : PART4\04GettingStartedType001.mogrt

01 유튜브 영상 자막 디자인 적용 방법은 짧은 자막 디자인 적용 방법과 동일합니다. PART4 폴더에서 '04Getting StartedType001.mogrt' 파일을 불러옵니다.

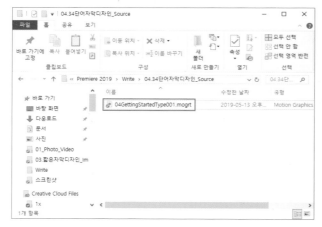

▲ 04GettingStartedType001.mogrt 파일

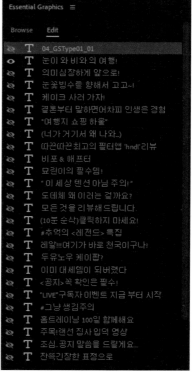

▲ Essential Graphics 패널에서 (Edit) 탭의 자막 리스트 모습

02 자막을 적용하고 수정하는 방법 모두 앞의 짧은 자막 디자인 과정과 같으며 187~197p를 참고합니다.

주의할 점은 글을 수정하는 데 있어서 여러 가지 스타일이 하나의 문장 안에 있기 때문에 수정할 때 커서의 위치가 중요합니다. 따끈따끈 최고의 필터 앱 'hndl' 리뷰 자막을 통해서 알아보겠습니다. Tools 패널에서 문자 도구를 선택하면 빨간색의 사각형 영역이 표시되는 것을 확인할 수 있습니다.

▲ 문자 도구를 선택

▲ 글자 주변에 빨간색 사격형 영역이 표시된 모습

글을 수정하기 전에 수정하려는 글의 스타일 뒤에 커서를 위치시킨 다음 새로운 글을 입력합니다. '따끈따끈' 뒤에 커서를 위치시킨 다음 글을 입력하면 앞의 스타일을 따라서 글이 입력되는 것을 확인할 수 있습니다.

▲ 첫 번째 스타일 뒤에 커서를 위치시킨 모습

▲ 새로운 글을 추가하여 수정

03 두 개의 스타일이 적용된 '최고의 필터 앱'과 "hndl' 리뷰' 사이에 커서를 위치시킵니다. 커서를 기준으로 왼쪽의 스타일을 따를 것인가, 오른쪽의 스타일을 따를 것인가를 선택합니다. 다른 소프트웨어에서는 커서가 이동하기 시작한 시점을 기준으로 스타일이 적용됩니다. 하지만 프리미어 프로에서는 무조건 앞의 스타일을 따릅니다. 뒤에서 수정을 하고 글자를 이동해도 앞의 스타일을 따릅니다.

▲ 글자 사이에 커서를 위치시킨 모습

▲ 글을 추가

커서는 분명히 오른쪽의 스타일에 붙어 있지만 실제 왼쪽의 스타일로 글이 입력되는 모습을 확인할 수 있습니다. 여러 스타일이 적용된 자막 같은 경우 이 주의 사항만 잘 기억하고 있으면 쉽게 수정 작업을 할 수 있습니다. 앞의 짧은 자막 디자인 과정을 참고하여 색, 서체 변경 등의 작업을 진행하면 더 많은 자막 스타일을 만들 수 있습니다.

TIP ● **자막마다 폰트 바꾸기**

자막 및 단어마다 폰트를 다르게 바꿀 수 있습니다. 바꾸고자 하는 부분을 드래그하여 블록으로 지정합니다. Essential Graphics 패널의 Text에서 폰트를 변경하면 블록으로 지정한 부분만 폰트가 변경됩니다.

가독성을 위한
그림자 자막 만들기
CHAPTER ┃ Shadow Subtitles ┃

자막에 그림자 효과를 넣으면 입체 효과뿐만 아니라 가독성도 높일 수 있습니다. 여기서는 프리미어 프로를 이용하여 자막에 외곽선 효과를 적용하는 방법을 알아봅니다.

• **예제파일** : PART4\00_GSContents Design 5_103.jpg   • **완성파일** : PART4\Text Shadow.prproj

01 프리미어 프로에서 〈New Pro-
ject〉 버튼을 클릭한 다음 New
Project 대화상자가 표시되면
〈OK〉 버튼을 클릭합니다.
Project 패널을 더블클릭합니
다. Import 대화상자가 표시
되면 PART4 폴더에서 '00_
GSContents Design 5_103.
jpg' 파일을 선택하고 〈열기〉 버
튼을 클릭합니다.

02 Project 패널에 소스가 위치합니다. Timeline 패널로 드래그하여 소스를 편집할 수 있게 배치합니다.

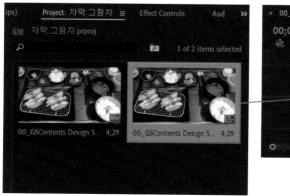

03 Tools 패널에서 문자 도구(T)를 선택한 다음 Program Monitor 패널의 화면을 클릭하여 '맛있다~'를 입력합니다.

04 '맛있다~' 문자를 드래그하여 블록으로 지정합니다.

05 '맛있다~' 문자를 드래그하여 블록으로 지정합니다. 메뉴에서 Window → Effect Controls를 실행합니다.

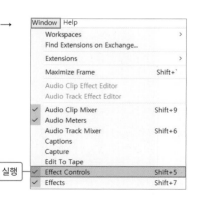

06 Effect Controls 패널의 Graphics → Text에서 텍스트의 글꼴 및 글꼴 크기를 지정합니다. 예제에서는 글꼴을 무료 폰트인 'Nanum Pen Script', 글꼴 크기를 '250'으로 지정합니다.

07 Appearance에서 'Stroke'를 체크 표시한 다음 Stroke의 색상 상자를 클릭합니다.

08 Color Picker 대화상자가 표시되면 색상을 '#BB244A'로 지정한 다음 〈OK〉 버튼을 클릭합니다. Stroke Width를 '10'으로 설정합니다.

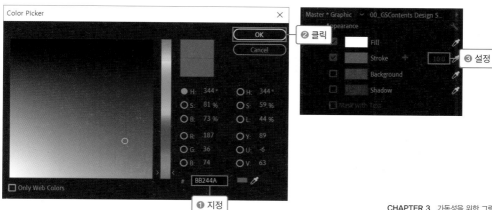

09 Appearance에서 'Shadow'를 체크 표시하여 그림자를 만듭니다. 색상을 '분홍색'으로 지정합니다.

10 Tools 패널에서 선택 도구(▶)를 선택합니다. Program Monitor에서 화면의 문자를 하단 가운데로 배치합니다.

TIP ● **자막을 가운데로 정확하게 배치하기**

Essential Graphics 패널에서 (Edit) 탭의 'Horizontal Center' 아이콘(▣)을 클릭하면 가로 부분의 가운데로 자막을 배치할 수 있습니다.

외곽선 자막 만들기

CHAPTER | Stroke Subtitles |

자막에 외곽선 효과를 넣으면 입체 효과뿐만 아니라 가독성도 높일 수 있습니다. 여기서는 프리미어 프로를 이용하여 자막에 그림자 효과를 적용하는 방법을 알아봅니다.

· **예제파일** : PART4\00_GSContents Design 5_152.jpg   · **완성파일** : PART4\Text Stroke.prproj

01 프리미어 프로에서 〈New Pro-ject〉 버튼을 클릭한 다음 New Project 대화상자가 표시되면 〈OK〉 버튼을 클릭합니다.

Project 패널을 더블클릭합니다. Import 대화상자가 표시되면 PART4 폴더에서 '00_GSContents Design 5_152.jpg' 파일을 선택하고 〈열기〉 버튼을 클릭합니다.

02 Project 패널에 소스가 위치합니다. Timeline 패널로 드래그하여 소스를 편집할 수 있게 배치합니다.

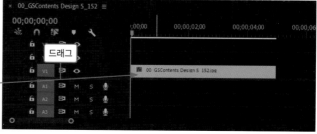

03 Tools 패널에서 문자 도구(**T**)를 선택한 다음 Program Monitor 패널의 화면을 클릭하여 '헤이~'를 입력합니다.

04 '헤이~' 문자를 드래그하여 블록으로 지정합니다.

05 메뉴에서 Window → Effect Controls를 실행합니다.

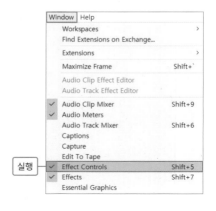

06 Effect Controls 패널의 Graphics → Text에서 텍스트의 글꼴 및 글꼴 크기를 지정합니다. 예제에서는 글꼴을 무료 폰트인 'BinggraeⅡ-Bold', 글꼴 크기를 '250'으로 지정합니다.

07 Appearance에서 Fill의 색상 상자를 클릭합니다.

08 Color Picker 대화상자가 표시되면 색상을 '#EA5353'으로 지정한 다음 〈OK〉 버튼을 클릭합니다.

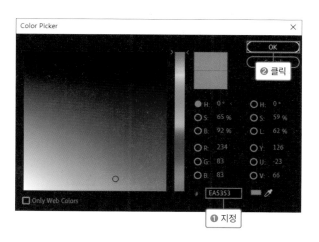

09 Appearance에서 'Stroke'를 체크 표시한 다음 Stroke의 색상 상자를 클릭합니다.

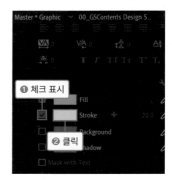

10 Color Picker 대화상자가 표시되면 색상을 '#F3E25A'로 지정한 다음 〈OK〉 버튼을 클릭합니다. Stroke Width를 '20'으로 설정합니다.

11 'Faux Italic' 아이콘(█)을 클릭하여 문자를 기울입니다.

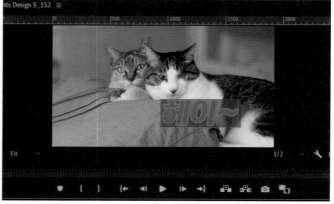

12 Tools 패널에서 선택 도구(▶)를 선택한 다음 문자를 화면의 하단 가운데로 배치합니다.

13 직접 옮기지 않고 자동으로 화면의 가운데로 정렬할 수 있습니다. Essential Graphics 패널에서 'Horizontal Center' 아이콘(▣)을 클릭합니다. 가로를 기준으로 화면의 가운데에 정렬됩니다.

TIP ● 'Vertical Center' 아이콘(▣)을 클릭하면 세로를 기준으로 가운데에 정렬됩니다. 'Horizontal Center' 아이콘(▣)과 'Vertical Center' 아이콘(▣)을 모두 클릭하면 화면의 중앙에 텍스트가 배치됩니다.

톡톡 튀는 개성 있는
네온 자막 만들기

CHAPTER | Neon Subtitles |

마치 네온 빛을 발산하는 효과를 주는 자막으로, 눈에 확 띄는 글자에 적용할 때 많이 사용하며, 마치 별색을 사용한 듯한 독특한 색감을 표현할 수도 있습니다. 여기서는 네온 효과를 적용하는 방법을 알아봅니다.

• **예제파일** : PART4\00_GSContents Design 5_032.jpg   • **완성파일** : PART4\Neon Text.prproj

---

01 프리미어 프로에서 〈New Project〉 버튼을 클릭한 다음 New Project 대화상자가 표시되면 〈OK〉 버튼을 클릭합니다.

Project 패널을 더블클릭합니다. Import 대화상자가 표시되면 PART4 폴더에서 '00_GSContents Design 5_032.jpg' 파일을 선택하고 〈열기〉 버튼을 클릭합니다.

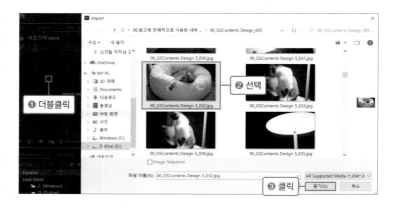

---

02 Project 패널에 소스가 위치합니다. Timeline 패널로 드래그하여 소스를 편집할 수 있게 배치합니다.

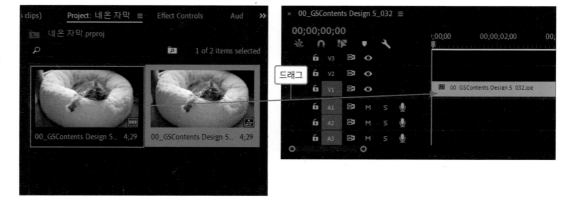

03 Tools 패널에서 문자 도구(■)를 선택한 다음 Program Monitor 패널의 화면을 클릭하여 '묘린이의 필수템!'을
입력합니다.

04 '묘린이의 필수템!' 문자를 드래그하여 블록으로 지정합니다.

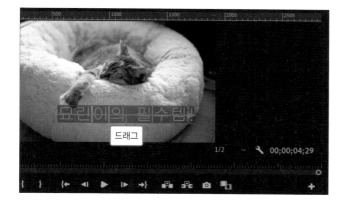

05 메뉴에서 Window → Effect Controls를 실행합니다.

영상 생성 보정

프레임 디자인

키워드 자막

유튜브 스타일 자막

바 디자인

스티커 아이콘 디자인

06 Effect Controls 패널의 Graphics → Text에서 텍스트의 글꼴 및 글꼴 크기를 지정합니다. 예제에서는 글꼴을 무료 폰트인 'Binggrae', 글꼴 크기를 '150'으로 지정합니다.

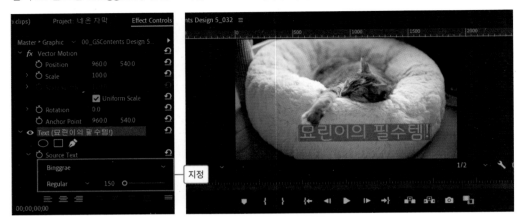

07 '의' 문자를 드래그하여 블록으로 지정합니다.

08 글꼴 크기를 '100'으로 지정합니다.

09 '필수템!' 문자를 드래그하여 블록으로 지정한 다음 글꼴을 무료 폰트인 'BinggraeⅡ-Bold', 글꼴 크기를 '200' 으로 지정합니다.

10 Appearance에서 Fill의 색상 상자를 클릭합니다.

11 Color Picker 대화상자가 표시되면 색상을 '#EA5B82'로 지정한 다음 〈OK〉 버튼을 클릭합니다.

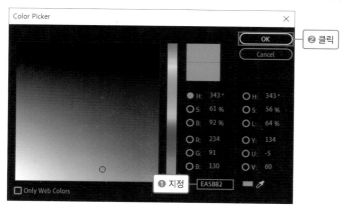

영상 색상 보정

프레임 디자인

키워드 자막

유튜브 스타일 자막

바 디자인

스티커 아이콘 디자인

12 '묘린이' 문자를 드래그하여 블록으로 지정합니다. Appearance에서 Fill의 색상 상자를 클릭합니다. Color Picker 대화상자가 표시되면 색상을 '#EA5B82'로 지정한 다음 〈OK〉 버튼을 클릭합니다.

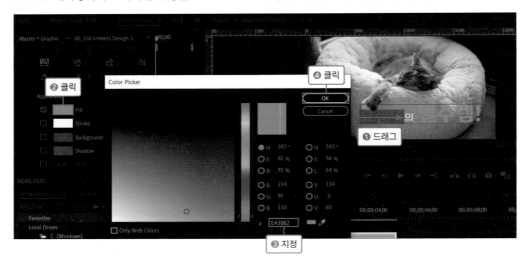

13 '묘린이의 필수템!' 문자를 드래그하여 블록으로 지정합니다.

14 Appearance에서 'Stroke'를 체크 표시한 다음 색상을 '흰색'으로 지정합니다. Stroke Width를 '10'으로 설정합니다.

15 Appearance에서 'Shadow'를 체크 표시하여 그림자를 만듭니다. 색상을 '분홍색'으로 지정합니다.

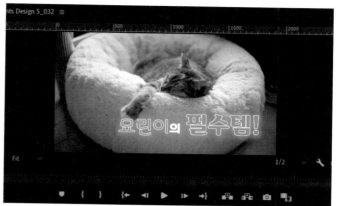

16 Tools 패널에서 선택 도구(▶)를 선택한 다음 문자를 화면의 하단 가운데로 배치합니다.

TIP ● **자막을 가운데로 정확하게 배치하기**

Essential Graphics 패널에서 (Edit) 탭의 'Horizontal Center' 아이콘(▣)을 클릭하면 가로 부분의 가운데로 자막을 배치할
수 있습니다.

VIDEO EDITING PATTERN

PROCESS
작업 과정

PART

5

대사 &
내레이션
바 디자인

긴 자막 바(Bar) 디자인

CHAPTER | Bar Design |

영상에서 등장인물이 중요한 내용을 소개할 때 등장인물의 멘트를 자막으로 표현해 주는 경우가 있습니다. 이는 영상을 보는 사람들에게 보다 정확히 정보를 전달하기 위해서 만들어 주는 것입니다. 보통은 하단에 검은색 긴 바(Bar) 형태의 디자인을 주로 하지만 영상의 성격에 따라서 다양한 바 디자인을 적용합니다. 영상 편집자들은 보통은 단색의 디자인을 사용하지만 다양한 느낌을 주기 위해서 디자인 요소가 필요한 경우도 있습니다.

자막이 주는 영상의 정보

유튜브 영상의 경우 지하철, 출퇴근 환경에 따라서 소리 없이 영상을 보는 경우가 많기 때문에 말하는 모든 내용을 영상 하단에 자막으로 작업하는 것을 많이 볼 수 있습니다. 하지만 영상에는 다양한 색이 나타나기 때문에 자막이 안 보일 수 있으므로 검은색 바(Bar)를 넣어서 흰색의 자막을 잘 보이게 만들어 줍니다. 이때 바 디자인을 활용하면 영상의 내용과 느낌을 확실하게 전달해 줄 수 있습니다. 이 책에서는 다양한 스타일과 형태의 바 디자인을 제공합니다.

사용 폰트

이 챕터에 사용된 서체는 다음과 같습니다. 폰트는 인터넷에서 미리 다운로드합니다. 여러 포털 사이트에 검색하면 더 쉽게 다운로드할 수 있습니다.

- 노토산스체(구글)
- 나눔펜체(네이버)
- 연성체(배달의 민족)

자막에 사용되는 바(Bar) 디자인

바 디자인은 길이와 색, 질감, 디자인이 다른 형태로 구성되어 있으며 총 100종의 디자인을 제공합니다. 이 바를 하단에 위치시킨 후 그에 맞는 형태의 자막을 추가하여 사용하는 형태로, 바 디자인에 맞춰서 총 7개의 자막 디자인이 제공됩니다. 작업하는 영상의 느낌이 맞는 바 디자인을 선택한 후 그 위에 자막을 추가하는 방법으로 작업할 수 있습니다.

오늘은 어떤 새로운 경험을 할 수 있을까?

01 PART5 폴더\바(Bar) 디자인의 모습

오늘은 어떤 새로운 경험을 할 수 있을까?

02 PART5 폴더\바(Bar) 디자인의 모습

영상 색상 보정

프레임 디자인

키워드 자막

유튜브 스타일 자막

바 디자인

스티커 아이콘 디자인

오늘은 어떤 새로운 경험을 할 수 있을까?

03 PART5 폴더\바(Bar) 디자인의 모습

오늘은 어떤 새로운 경험을 할 수 있을까?

04 PART5 폴더\바(Bar) 디자인의 모습

오늘은 어떤 새로운 경험을 할 수 있을까?

05 PART5 폴더\바(Bar) 디자인의 모습

오늘은 어떤 새로운 경험을 할 수 있을까?

06 PART5 폴더\바(Bar) 디자인의 모습

오늘은 어떤 새로운 경험을 할 수 있을까?

07 PART5 폴더\바(Bar) 디자인의 모습

오늘은 어떤 새로운 경험을 할 수 있을까?

08 PART5 폴더\바(Bar) 디자인의 모습

오늘은 어떤 새로운 경험을 할 수 있을까?

09 PART5 폴더\바(Bar) 디자인의 모습

오늘은 어떤 새로운 경험을 할 수 있을까?

10 PART5 폴더\바(Bar) 디자인의 모습

오늘은 어떤 새로운 경험을 할 수 있을까?

11 PART5 폴더\바(Bar) 디자인의 모습

12 PART5 폴더\바(Bar) 디자인의 모습

13 PART5 폴더\바(Bar) 디자인의 모습

14 PART5 폴더\바(Bar) 디자인의 모습

오늘은 어떤 새로운 경험을 할 수 있을까?

15 PART5 폴더\바(Bar) 디자인의 모습

오늘은 어떤 새로운 경험을 할 수 있을까?

16 PART5 폴더\바(Bar) 디자인의 모습

오늘은 어떤 새로운 경험을 할 수 있을까?

17 PART5 폴더\바(Bar) 디자인의 모습

18 PART5 폴더\바(Bar) 디자인의 모습

19 PART5 폴더\바(Bar) 디자인의 모습

20 PART5 폴더\바(Bar) 디자인의 모습

영상 색상 보정

프레임 디자인

키워드 자막

유튜브 스타일 자막

바 디자인

스타커 아이콘 디자인

21 PART5 폴더\바(Bar) 디자인의 모습

22 PART5 폴더\바(Bar) 디자인의 모습

23 PART5 폴더\바(Bar) 디자인의 모습

24 PART5 폴더\바(Bar) 디자인의 모습

25 PART5 폴더\바(Bar) 디자인의 모습

26 PART5 폴더\바(Bar) 디자인의 모습

영상 색상 보정

프레임 디자인

키워드 자막

뉴스 룸 스타일 자막

바 디자인

스타킹 아이콘 디자인

오늘은 어떤 새로운 경험을 할 수 있을까?

27 PART5 폴더\바(Bar) 디자인의 모습

오늘은 어떤 새로운 경험을 할 수 있을까?

28 PART5 폴더\바(Bar) 디자인의 모습

오늘은 어떤 새로운 경험을 할 수 있을까?

29 PART5 폴더\바(Bar) 디자인의 모습

30 PART5 폴더\바(Bar) 디자인의 모습

31 PART5 폴더\바(Bar) 디자인의 모습

32 PART5 폴더\바(Bar) 디자인의 모습

오늘은 어떤 새로운 경험을 할 수 있을까?

33 PART5 폴더\바(Bar) 디자인의 모습

오늘은 어떤 새로운 경험을 할 수 있을까?

34 PART5 폴더\바(Bar) 디자인의 모습

오늘은 어떤 새로운 경험을 할 수 있을까?

35 PART5 폴더\바(Bar) 디자인의 모습

36 PART5 폴더\바(Bar) 디자인의 모습

37 PART5 폴더\바(Bar) 디자인의 모습

38 PART5 폴더\바(Bar) 디자인의 모습

영상 색 보정

프레임 디자인

키워드 자막

유튜브 스타일 자막

바 디자인

스티커 이모든 디자인

오늘은 어떤 새로운 경험을 할 수 있을까?

39 PART5 폴더\바(Bar) 디자인의 모습

오늘은 어떤 새로운 경험을 할 수 있을까?

40 PART5 폴더\바(Bar) 디자인의 모습

오늘은 어떤 새로운 경험을 할 수 있을까?

41 PART5 폴더\바(Bar) 디자인의 모습

42　PART5 폴더\바(Bar) 디자인의 모습

43　PART5 폴더\바(Bar) 디자인의 모습

44　PART5 폴더\바(Bar) 디자인의 모습

영상 색상 보정

프레임 디자인

키워드 자막

유튜브 스타일 자막

바 디자인

스티커 아이콘 디자인

오늘은 어떤 새로운 경험을 할 수 있을까?

45 PART5 폴더\바(Bar) 디자인의 모습

오늘은 어떤 새로운 경험을 할 수 있을까?

46 PART5 폴더\바(Bar) 디자인의 모습

오늘은 어떤 새로운 경험을 할 수 있을까?

47 PART5 폴더\바(Bar) 디자인의 모습

48 PART5 폴더\바(Bar) 디자인의 모습

49 PART5 폴더\바(Bar) 디자인의 모습

50 PART5 폴더\바(Bar) 디자인의 모습

오늘은 어떤 새로운 경험을 할 수 있을까?

51 PART5 폴더\바(Bar) 디자인의 모습

오늘은 어떤 새로운 경험을 할 수 있을까?

52 PART5 폴더\바(Bar) 디자인의 모습

오늘은 어떤 새로운 경험을 할 수 있을까?

53 PART5 폴더\바(Bar) 디자인의 모습

54 PART5 폴더\바(Bar) 디자인의 모습

55 PART5 폴더\바(Bar) 디자인의 모습

56 PART5 폴더\바(Bar) 디자인의 모습

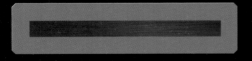

영상 색상 보정

프레임 디자인

키워드 자막

유튜브 스타일의 자막

바 디자인

스티커 아이콘 디자인

오늘은 어떤 새로운 경험을 할 수 있을까?

57 PART5 폴더\바(Bar) 디자인의 모습

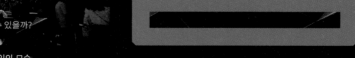

오늘은 어떤 새로운 경험을 할 수 있을까?

58 PART5 폴더\바(Bar) 디자인의 모습

오늘은 어떤 새로운 경험을 할 수 있을까?

59 PART5 폴더\바(Bar) 디자인의 모습

오늘은 어떤 새로운 경험을 할 수 있을까?

60 PART5 폴더\바(Bar) 디자인의 모습

오늘은 어떤 새로운 경험을 할 수 있을까?

61 PART5 폴더\바(Bar) 디자인의 모습

오늘은 어떤 새로운 경험을 할 수 있을까?

62 PART5 폴더\바(Bar) 디자인의 모습

63 PART5 폴더\바(Bar) 디자인의 모습

64 PART5 폴더\바(Bar) 디자인의 모습

65 PART5 폴더\바(Bar) 디자인의 모습

66 PART5 폴더\바(Bar) 디자인의 모습

67 PART5 폴더\바(Bar) 디자인의 모습

68 PART5 폴더\바(Bar) 디자인의 모습

69　PART5 폴더\바(Bar) 디자인의 모습

70　PART5 폴더\바(Bar) 디자인의 모습

71　PART5 폴더\바(Bar) 디자인의 모습

72 PART5 폴더\바(Bar) 디자인의 모습

73 PART5 폴더\바(Bar) 디자인의 모습

74 PART5 폴더\바(Bar) 디자인의 모습

영상 색상 보정

프레임 디자인

키워드 자막

유튜브 스타일 자막

바 디자인

스티커 아이콘 디자인

75 PART5 폴더\바(Bar) 디자인의 모습

76 PART5 폴더\바(Bar) 디자인의 모습

77 PART5 폴더\바(Bar) 디자인의 모습

78 PART5 폴더\바(Bar) 디자인의 모습

79 PART5 폴더\바(Bar) 디자인의 모습

80 PART5 폴더\바(Bar) 디자인의 모습

오늘은 어떤 새로운 경험을 할 수 있을까?

81 PART5 폴더\바(Bar) 디자인의 모습

오늘은 어떤 새로운 경험을 할 수 있을까?

82 PART5 폴더\바(Bar) 디자인의 모습

오늘은 어떤 새로운 경험을 할 수 있을까?

83 PART5 폴더\바(Bar) 디자인의 모습

84 PART5 폴더\바(Bar) 디자인의 모습

85 PART5 폴더\바(Bar) 디자인의 모습

86 PART5 폴더\바(Bar) 디자인의 모습

영상 색상 보정

프레임 디자인

키워드 자막

유튜브 스타일 자막

바 디자인

스티커 아이콘 디자인

오늘은 어떤 새로운 경험을 할 수 있을까?

87 PART5 폴더\바(Bar) 디자인의 모습

오늘은 어떤 새로운 경험을 할 수 있을까?

88 PART5 폴더\바(Bar) 디자인의 모습

오늘은 어떤 새로운 경험을 할 수 있을까?

89 ·PART5 폴더\바(Bar) 디자인의 모습

오늘은 어떤 새로운 경험을 할 수 있을까?

90 PART5 폴더\바(Bar) 디자인의 모습

오늘은 어떤 새로운 경험을 할 수 있을까?

91 PART5 폴더\바(Bar) 디자인의 모습

오늘은 어떤 새로운 경험을 할 수 있을까?

92 PART5 폴더\바(Bar) 디자인의 모습

영상 색상 보정

프레임 디자인

키워드 자막

유튜브 스타일 자막

바 디자인

스티커 아이콘 디자인

93 PART5 폴더\바(Bar) 디자인의 모습

오늘은 어떤 새로운 경험을 할 수 있을까?

94 PART5 폴더\바(Bar) 디자인의 모습

오늘은 어떤 새로운 경험을 할 수 있을까?

95 PART5 폴더\바(Bar) 디자인의 모습

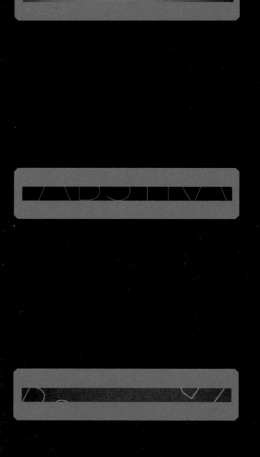

96 PART5 폴더\바(Bar) 디자인의 모습

97 PART5 폴더\바(Bar) 디자인의 모습

98 PART5 폴더\바(Bar) 디자인의 모습

영상 색상 보정

프레임 디자인

캐릭드 자막

유튜브 스타일 자막

바 디자인

스티커아웃 디자인

99 PART5 폴더\바(Bar) 디자인의 모습

오늘은 어떤 새로운 경험을 할 수 있을까?

100 PART5 폴더\바(Bar) 디자인의 모습

소스에서 제공하는

자막 바 디자인 사용하기

CHAPTER | Essential Graphics

이 책에서 제공하는 바 디자인 소스를 순서대로 선택하여 바 스타일을 확인하고 원하는 바 스타일을 선택해 적용해 봅니다.

· **예제파일** : PART5\05GettingStartedBar001.mogrt

01 바(Bar) 디자인 적용 방법은 짧은 자막 디자인 적용 방법과 동일합니다. PART5 폴더에서 '05Getting StartedBar 001.mogrt' 파일을 불러옵니다. 불러온 파일은 Essential Graphics 패널의 (Browse) 탭에서 확인할 수 있습니다. 바 디자인을 Timeline 패널로 드래그하여 작업할 수 있습니다.

▲ 05GettingStartedBar001.mogrt 파일

▲ Essential Graphics 패널에 바 디자인을 불러온 모습

▲ 불러온 파일을 적용

▲ 가장 기본적인 자막이 적용된 모습

02 짧은 자막 디자인 과정과 같이 Timeline 패널에서 클립을 선택하고 Essential Graphics 패널의 [Edit] 탭에서 수많은 바 디자인을 확인할 수 있습니다.

▲ '05_GettingStartedBar' 클립을 선택

▲ Essential Graphics 패널의 [Edit] 탭에서
바 디자인을 확인

03 총 100종의 바 디자인이 있으며 가장 기본적인 바 디자인 '05_GSBar_ 001'이 활성화된 모습을 확인할 수 있습니다. 원하는 바 디자인의 레이어를 표시하고 나머지 레이어를 숨겨 작업을 진행하면 됩니다.

자막으로 제공되는 7개의 샘플은 어디까지나 샘플로 적용한 자막이므로 자막을 수정하거나 추가할 수 있습니다.

자막 바 제작하기

CHAPTER | Bar Design |

프리미어 프로에서는 레거시 타이틀을 통해 다양한 모양의 자막 바를 직접 제작할 수 있습니다.
레거시 타이틀을 통해 자막 바를 만들어 봅니다.

• **예제파일** : PART5\00_GSContents Design 2_045.png　　• **완성파일** : PART5\Bar Design.prproj

01 프리미어 프로에서 〈New Project〉 버튼을 클릭한 다음 New Project 대화상자가 표시되면 〈OK〉 버튼을 클릭합니다. Project 패널을 더블클릭합니다. Import 대화상자가 표시되면 PART5 폴더에서 '00_GSContents Design 2_045.png' 파일을 선택하고 〈열기〉 버튼을 클릭합니다.

02 Project 패널에 소스가 위치합니다. Timeline 패널로 드래그하여 소스를 편집할 수 있게 배치합니다.

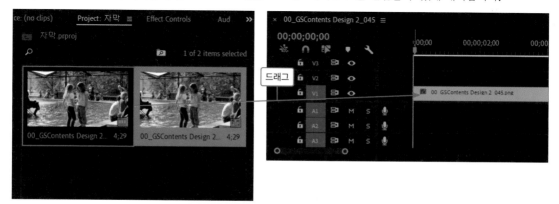

03 메뉴에서 File → New → Legacy Title을 실행합니다.

04 New Title 대화상자가 표시되면 ⟨OK⟩ 버튼을 클릭합니다.

05 Legacy Title 창이 표시되면 상단의 다양한 모양으로 자막 바를 만들 수 있습니다. 둥근 사각형 도구(▢)를 선택한 다음 그림과 같이 화면에 드래그하여 자막 바를 그립니다.

06 Legacy Title Tools 패널에서 선택 도구(▶)를 선택하고 자막 바를 클릭합니다. Legacy Title Properties 패널에서 Color의 색상 상자를 클릭합니다. Color Picker 대화상자가 표시되면 색상을 '#FFD719'로 지정한 다음 〈OK〉 버튼을 클릭합니다.

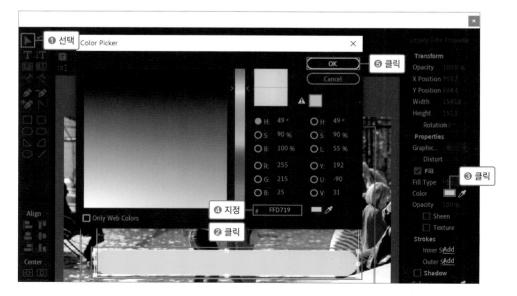

07 Legacy Title Tools 패널에서 'Shadow'를 체크 표시합니다. Distance를 '45', Spread를 '0'으로 설정하면 그림자가 그림과 같이 표시됩니다. 그림자 설정을 완료하였으면 '닫기' 아이콘(▨)을 클릭하여 Legacy Title 창을 닫습니다.

08 Project 패널에 'Title 02'가 생성됩니다. 'Title 02'를 Timeline 패널의 V2 트랙으로 드래그합니다.

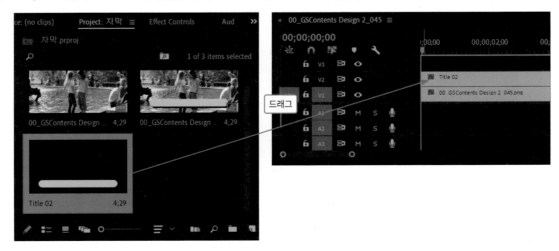

09 Tools 패널에서 문자 도구(■)를 선택한 다음 Program Monitor 패널의 화면을 클릭합니다. 자막 바에 내용을
입력하고 원하는 글꼴 및 글꼴 크기를 지정하여 완성합니다.

TIP ● **그러데이션 자막 바**

Legacy Title 창에서는 단색 자막 바뿐만 아니라 그림과 같이 그러데이션 자막 바도 만들 수 있습니다. Legacy Title
Propertise 패널에서 Fill Type을 '4 Color Gradient'로 지정합니다.

영상 생성 보정

프레임 디자인

키워드 자막

뷰트브 스타일 자막

바 디자인

스토커 아이콘 디자인

영상과 자연스러운 합성 효과

반투명 자막 바 제작하기

CHAPTER | Transparent Bar Design |

프리미어 프로에서 레거시 타이틀을 이용해 다양한 자막 바를 만들 수 있습니다. 이번에는 반투명의 자막 바를 만들어 봅니다.

· **예제파일** : PART5\00_GSContents Design 5_092.jpg · **완성파일** : PART5\Transparent Bar.prproj

01 프리미어 프로에서 〈New Project〉 버튼을 클릭한 다음 New Project 대화상자가 표시되면 〈OK〉 버튼을 클릭합니다.
Project 패널을 더블클릭합니다. Import 대화상자가 표시되면 PART5 폴더에서 '00_GSContents Design 5_092.jpg' 파일을 선택하고 〈열기〉 버튼을 클릭합니다.

02 Project 패널에 소스가 위치합니다. Timeline 패널로 드래그하여 소스를 편집할 수 있게 배치합니다.

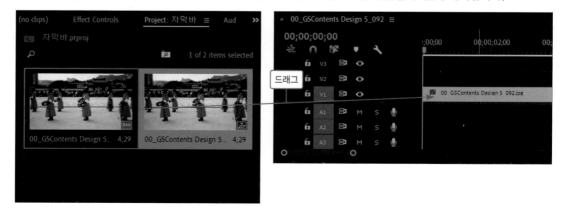

03 Tools 패널에서 사각형 도구(■)를 선택합니다. Program Monitor 패널의 화면에 드래그하여 그림과 같이 사각형을 그립니다.

04 자막 바의 색상을 바꾸기 위해 메뉴에서 **Window → Effect Controls**를 실행합니다.

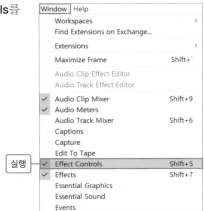

05 Effect Controls 패널의 Graphics → Shape → Appearance에서 Fill 의 색상 상자를 클릭합니다.

06 Color Picker 대화상자가 표시되면 색상을 '#000000'으로 지정한 다음 〈OK〉 버튼을 클릭합니다.

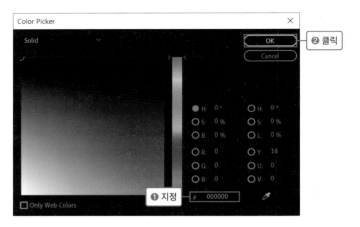

07 Shape에서 'Create ellipse mask' 아이콘(◯)을 클릭합니다. 화면에 원형의 마스크가 생성됩니다.

TIP ● **Mask Tool의 종류**

· **Create ellipse mask(◯)** : 원형 모양의 마스크를 생성합니다.

· **Create 4-point polygon mask(▣)** : 사각형 모양의 마스크를 생성합니다.

· **Free draw bezier(✎)** : 자유로운 모양으로 마스크를 생성합니다. Program Monitor 패널의 화면을 클릭하면서 모양을 생성할 수 있습니다.

08 원형 마스크를 자막 바가 보이게 배치한 다음 마스크의 핸들을 그림과 같이 드래그합니다.

09 Mask에서 Mask Feather를 '567', Mask Expansion을 '610'으로 설정합니다. 끝이 투명해지는 형태의 자막 바가 만들어집니다.

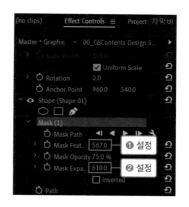

10 Tools 패널에서 문자 도구(T)를 선택한 다음 Program Monitor 패널의 화면을 클릭합니다. 자막 바에 내용을 입력하고 원하는 글꼴 및 글꼴 크기를 지정합니다.

VIDEO EDITING PATTERN

PROCESS
작업 과정

PART
6

예능 그래픽
영상 디자인

1

영상에 재미를 더하는
스티커 & 아이콘 제작하기

CHAPTER | Sticker & Icon Design |

영상에서는 다양한 그래픽이 등장합니다. 인포그래픽 형태로 등장하기도 하고 간단한 아이콘, 스티커 혹은 글로도 등장합니다. 하지만 최근에는 글과 같은 자막보다 이미지로 의미를 전달하는 경우가 많습니다. 이미지는 글에서 전달하기 힘든 감정적인 분위기 등을 전달할 수 있습니다. 또한, 이미지는 직관적이기 때문에 글보다 빠르게 정보를 전달할 수 있습니다. 치열해지는 영상 콘텐츠 사이에서 다양한 그래픽 요소를 사용하면 보다 쉽게 접근할 수 있습니다.

스티커로 영상 꾸미기

사진에 스티커를 추가하는 것처럼 영상에도 스티커를 넣을 수 있습니다. 유튜브 영상은 상업적인 성격이 있기 때문에 인터넷에 있는 스티커를 개인 사진을 꾸미는 것과 같이 쉽게 사용할 수 없습니다. 모두 저작권이 있기 때문입니다. 또한 개인이 영상을 만드는 데 있어서 스티커와 같은 디자인을 의뢰하는 것도 쉽지 않습니다. 이 책에서는 그러한 어려움을 조금이나마 덜어드리기 위해서 다양한 스티커 디자인을 제공합니다.

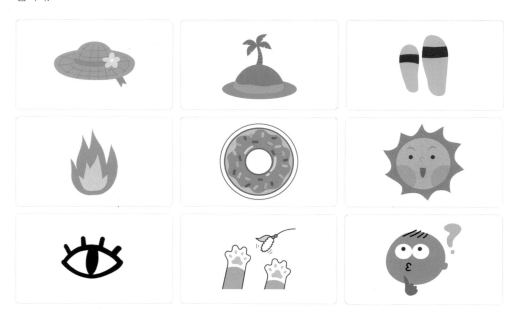

스티커 아이콘 살펴 보기

스티커, 아이콘 그래픽 디자인

그래픽 스티커 디자인은 6개의 타입에 89종의 디자인을 제공합니다. HD 영상에서 사용할 수 있는 해상도를 기본으로 제공하여 쉽게 크기와 위치를 변경하여 사용할 수 있습니다. 그래픽 스티커는 PNG 이미지의 형태로 제공되어 쉽게 작업할 수 있습니다.

01 귀여운 손그림 스티커

01 PART6 폴더\스티커의 모습

02 PART6 폴더\스티커의 모습

 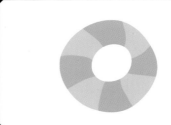

03 PART6 폴더\스티커의 모습

04 PART6 폴더\스티커의 모습

05 PART6 폴더\스티커의 모습

06   PART6 폴더\스티커의 모습

07   PART6 폴더\스티커의 모습

08   PART6 폴더\스티커의 모습

09 PART6 폴더\스티커의 모습

10 PART6 폴더\스티커의 모습

11 PART6 폴더\스티커의 모습

12　PART6 폴더\스티커의 모습

13　PART6 폴더\스티커의 모습

14　PART6 폴더\스티커의 모습

15 PART6 폴더\스티커의 모습

16 PART6 폴더\스티커의 모습

17 PART6 폴더\스티커의 모습

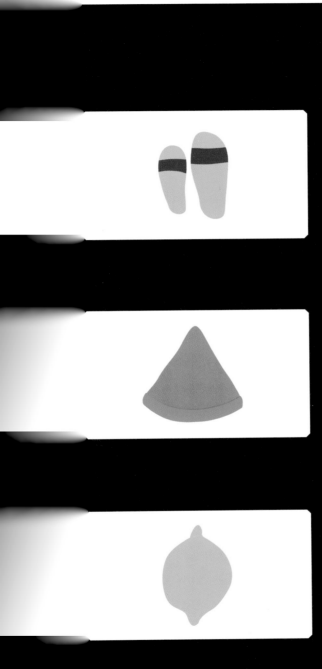

18   PART6 폴더\스티커의 모습

19   PART6 폴더\스티커의 모습

20   PART6 폴더\스티커의 모습

21 PART6 폴더\스티커의 모습

22 PART6 폴더\스티커의 모습

23 PART6 폴더\스티커의 모습

02 디저트 스티커

24 PART6 폴더\스티커의 모습

25 PART6 폴더\스티커의 모습

26 PART6 폴더\스티커의 모습

27 PART6 폴더\스티커의 모습

28 PART6 폴더\스티커의 모습

29 PART6 폴더\스티커의 모습

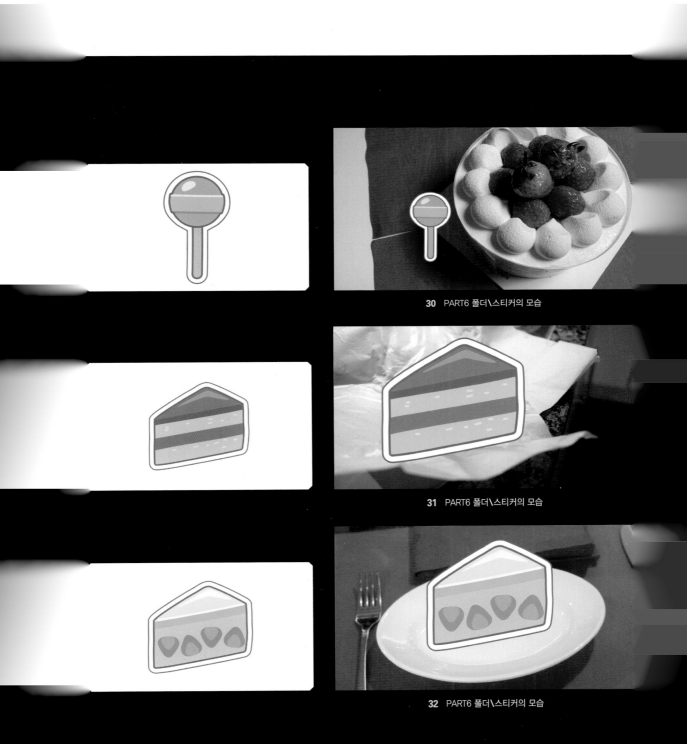

30 PART6 폴더\스티커의 모습

31 PART6 폴더\스티커의 모습

32 PART6 폴더\스티커의 모습

33 PART6 폴더\스티커의 모습

34 PART6 폴더\스티커의 모습

35 PART6 폴더\스티커의 모습

36 PART6 폴더\스티커의 모습

37 PART6 폴더\스티커의 모습

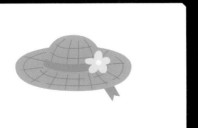

38 PART6 폴더\스티커의 모습

39   PART6 폴더\스티커의 모습

40   PART6 폴더\스티커의 모습

41   PART6 폴더\스티커의 모습

42 PART6 폴더\스티커의 모습

43 PART6 폴더\스티커의 모습

44 PART6 폴더\스티커의 모습

45 PART6 폴더\스티커의 모습

 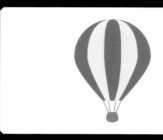

46 PART6 폴더\스티커의 모습

47 PART6 폴더\스티커의 모습

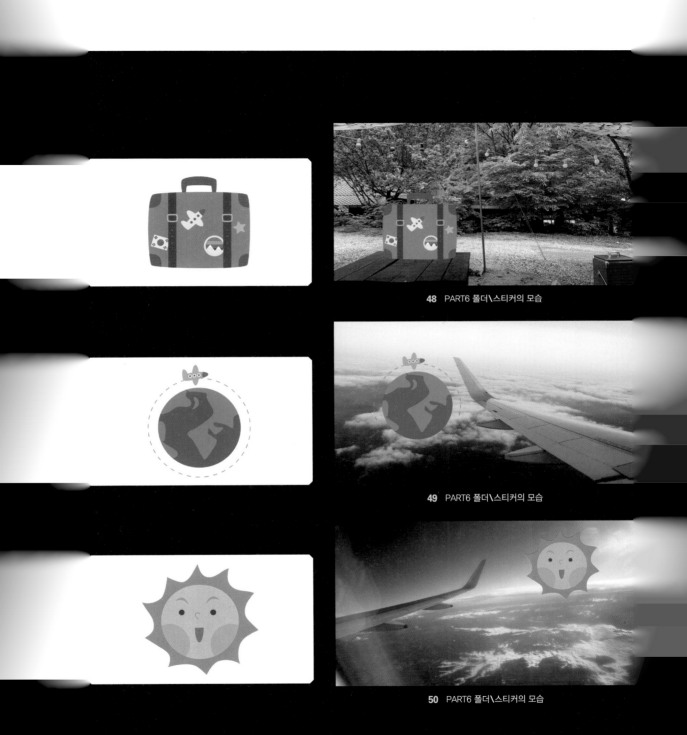

48 PART6 폴더\스티커의 모습

49 PART6 폴더\스티커의 모습

50 PART6 폴더\스티커의 모습

04 라이브 스티커

51 PART6 폴더\스티커의 모습

52 PART6 폴더\스티커의 모습

53 PART6 폴더\스티커의 모습

54 PART6 폴더\스티커의 모습

55 PART6 폴더\스티커의 모습

56 PART6 폴더\스티커의 모습

57 PART6 폴더\스티커의 모습

58 PART6 폴더\스티커의 모습

59 PART6 폴더\스티커의 모습

60 PART6 폴더\스티커의 모습

61 PART6 폴더\스티커의 모습

62 PART6 폴더\스티커의 모습

영상 색상 보정

프레임 디자인

키워드 자막

유튜브 스타일 자막

바 디자인

스티커 아이콘 디자인

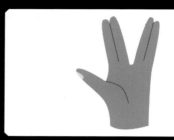

63 PART6 폴더\스티커의 모습

64 PART6 폴더\스티커의 모습

65 PART6 폴더\스티커의 모습

66 PART6 폴더\스티커의 모습

67 PART6 폴더\스티커의 모습

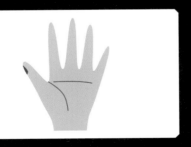

68 PART6 폴더\스티커의 모습

69 PART6 폴더\스티커의 모습

70 PART6 폴더\스티커의 모습

71 PART6 폴더\스티커의 모습

72 PART6 폴더\스티커의 모습

73 PART6 폴더\스티커의 모습

06 고양이 스티커

74 PART6 폴더\스티커의 모습

영상 색상 보정

프레임 디자인

키워드 자막

유튜브 스타일 자막

바 디자인

스티커 아이콘 디자인

75 PART6 폴더\스티커의 모습

76 PART6 폴더\스티커의 모습

77 PART6 폴더\스티커의 모습

78 PART6 폴더\스티커의 모습

79 PART6 폴더\스티커의 모습

80 PART6 폴더\스티커의 모습

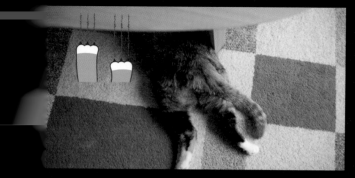
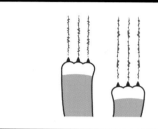

81 PART6 폴더\스티커의 모습

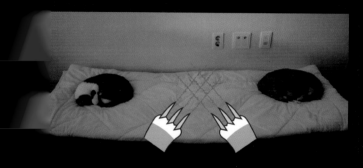
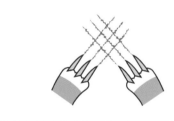

82 PART6 폴더\스티커의 모습

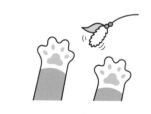

83 PART6 폴더\스티커의 모습

84 PART6 폴더\스티커의 모습

85 PART6 폴더\스티커의 모습

86 PART6 폴더\스티커의 모습

87 PART6 폴더\스티커의 모습

88 PART6 폴더\스티커의 모습

89 PART6 폴더\스티커의 모습

2
각양각색 다양한
스티커 & 아이콘 소스 사용하기

CHAPTER | Sticker & Icon |

이 책에서 제공하는 스티커와 아이콘 소스를 순서대로 선택하여 스타일을 확인하고 원하는 스티커나 아이콘 스타일을 선택 적용해 봅니다.

01 PART6 폴더에서 PNG 파일의 그래픽 스티커 이미지를 확인할 수 있습니다. 해당 파일을 프리미어 프로의 Project 패널로 드래그하여 불러올 수 있습니다.

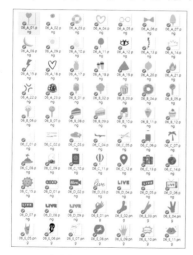

▲ PNG 파일의 그래픽 스티커

▲ Project 패널로 스티커를 불러온 모습

02 Project 패널로 불러온 스티커 이미지를 Timeline 패널로 드래그하여 작업 환경에 불러옵니다. PNG 파일의
스티커 이미지는 배경 없이 영상 위에 불러올 수 있습니다.

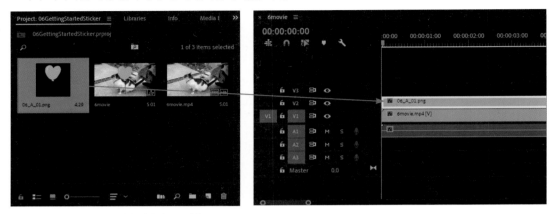

▲ Timeline 패널로 PNG 스티커 이미지를 불러온 모습

03 추가한 스티커 이미지를 더블클릭하면 이미지 주변에 사각형 영역이 표시되며 이미지가 선택된 모습을 확인할
수 있습니다. 선택된 이미지를 드래그하여 이동할 수 있습니다.

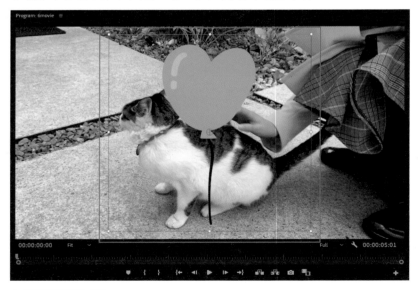

▲ 스티커 이미지를 선택

▲ 선택한 스티커 이미지를 드래그하여 이동

04 사각형 영역에 마우스 커서를 위치시키면 마우스 커서가 화살표 모습으로 변경됩니다. 드래그하면 스티커 이미지의 크기를 변경할 수 있습니다.

이동 경로를 따라 자유롭게

경로 애니메이션 제작하기

CHAPTER | Trim Paths |

여행 영상이나 다큐멘터리, 설명 영상에서 많이 쓰이는 경로를 따라 움직이는 물체 영상을 만들어 봅니다.

• **예제파일** : PART6\00_GSContents Design_5_082.jpg, 06_C_11.png   • **완성파일** : PART6\Ballon Animation.prproj

01 프리미어 프로에서 〈New Project〉 버튼을 클릭한 다음 New Project 대화상자가 표시되면 〈OK〉 버튼을 클릭합니다.

Project 패널을 더블클릭합니다. Import 대화상자가 표시되면 PART6 폴더에서 '00_GSContents Design_5_082.jpg' 파일을 선택하고 〈열기〉 버튼을 클릭합니다.

02 Project 패널에 소스가 위치합니다. Timeline 패널로 드래그하여 소스를 편집할 수 있게 배치합니다.

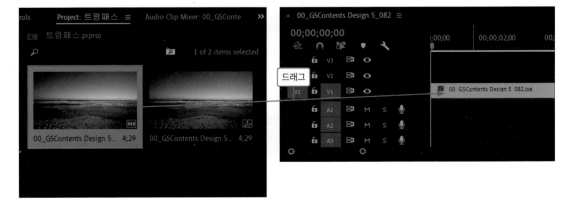

03 Timeline 패널에서 클립을 선택합니다. 마우스 오른쪽 버튼을 클릭한 다음 **Replace With After Effects Composition**을 실행하여 애프터 이펙트와 연동합니다.

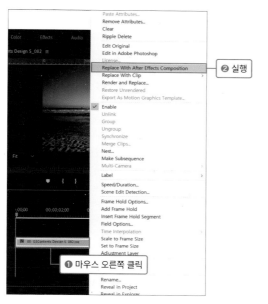

04 애프터 이펙트가 실행됩니다. Save As 대화상자가 표시되면 프로젝트의 저장 경로와 파일 이름을 지정한 다음 〈저장〉 버튼을 클릭합니다.

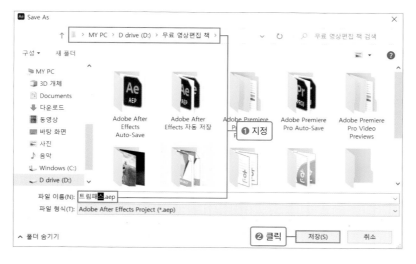

05 선택한 클립이 애프터 이펙트 화면에 표시됩니다.

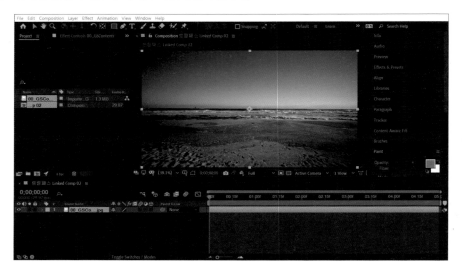

06 애프터 이펙트의 Project 패널을 더블클릭합니다. Import File 대화상자가 표시되면 '06_C_11.png' 파일을 선택한 다음 〈Import〉 버튼을 클릭합니다.

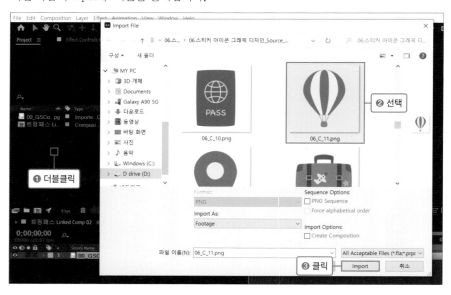

07 Timeline 패널의 빈 공간을 클릭하여 선택을 해제합니다. Tools 패널에서 펜 도구(✐)를 선택한 다음 Composition 패널의 화면에 그림과 같이 곡선을 그립니다.

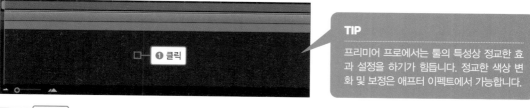

TIP

프리미어 프로에서는 툴의 특성상 정교한 효과 설정을 하기가 힘듭니다. 정교한 색상 변화 및 보정은 애프터 이펙트에서 가능합니다.

08 'Shape Layer 1' 레이어의 Contents → Shape 1 → Fill 1 → Opacity를 '0%'로 설정합니다.

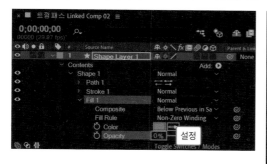

09 'Shape Layer 1' 레이어의 Contents → Shape 1 → Stroke 1 → Stroke Width를 '10'으로 설정합니다.

10 Project 패널에서 '06_C_11.png' 파일을 Timeline 패널로 드래그합니다.

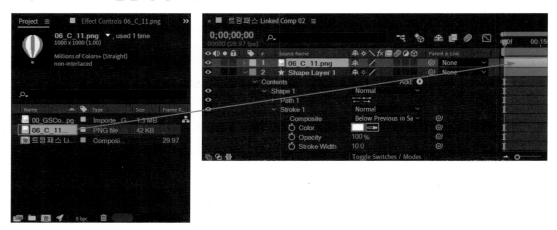

11 Tools 패널에서 선택 도구(▶)를 선택한 다음 스티커의 크기를 줄여 줍니다.

12 'Shape Layer 1' 레이어의 Contents 옆에 있는 'Add' 아이콘(●)을 클릭하여 **Trim Paths**를 실행합니다.

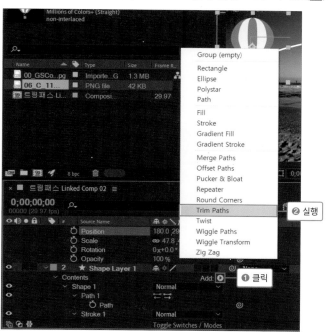

영상 편집 완성

프레임 디자인

키워드 지면

유튜브 스타일 지면

바 디자인

스티커 아이콘 디자인

13 'Shape Layer 1' 레이어 하위 항목에 'Trim Paths 1' 항목이 생성됩니다. Trim Paths 1 → End의 '스톱워치' 아이콘(⏱)을 클릭한 다음 '0%'로 설정합니다.

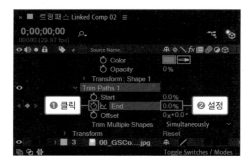

14 시간 표시자를 드래그하여 '0:00:03:00'으로 이동한 다음 End를 '100%'로 설정합니다. 0:00:00:00부터 0:00:03:00까지 선이 그려지는 효과가 적용됩니다.

15 'Shape Layer 1' 레이어의 Contents → Shape 1 → Path 1 → Path를 선택한 다음 Ctrl+C를 누릅니다.
'06_C_11.png' 레이어의 Transform → Position을 선택한 다음 Ctrl+V를 누르면 경로에 따라 열기구가 움직입니다.

16 '0:00:02:00'의 키 프레임을 패스와 맞게 '0:00:03:00'으로 드래그하여 이동합니다.

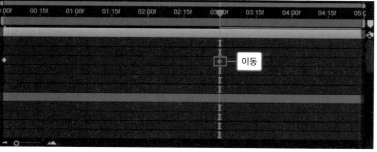

17 곡선에 맞게 자연스럽게 회전하는 애니메이션을 적용합니다. Timeline 패널에서 '06_C_11.png' 레이어를 선택합니다. 마우스 오른쪽 버튼을 클릭한 다음 **Transform → Auto-Orient**를 실행합니다.

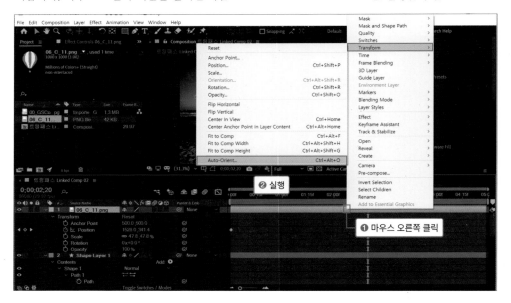

18 Auto-Orientation 대화상자가 표시되면 Auto-Orientation을 'Orient Along Path'로 선택한 다음 〈OK〉 버튼을 클릭합니다.

19 열기구가 자연스럽게 곡선의 기울기에 따라 회전합니다.

20 Timeline 패널에서 '06_C_11.png' 레이어를 선택합니다. Transform → Anchor Point를 '500', '870'으로 설정하여 그림과 같이 선과 열기구 하단 부분이 맞닿을 수 있도록 조절합니다.

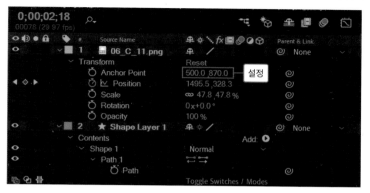

정지된 이미지를 움직이게

움짤 애니메이션 제작하기

CHAPTER | Puppet Positon Pin Tool |

간단하게 정지된 이미지를 움직이는 애니메이션으로 만들 수 있습니다. 예제에서는 퍼핏 핀 도구를 이용하여 자연스럽게 입술이 움직이는 움짤 애니메이션을 만들어 봅니다.

• **예제파일** : PART6\00_GSContents Design 6_004.jpg, 06_E_11.png   • **완성파일** : PART6\Lip Animation.prproj

---

01 프리미어 프로에서 〈New Pro-ject〉 버튼을 클릭한 다음 New Project 대화상자가 표시되면 〈OK〉 버튼을 클릭합니다.
Project 패널을 더블클릭합니다. Import 대화상자가 표시되면 PART6 폴더에서 '00_GSContents Design 6_004.jpg' 파일을 선택하고 〈열기〉 버튼을 클릭합니다.

02 Project 패널에 소스가 위치합니다. Timeline 패널로 드래그하여 소스를 편집할 수 있게 배치합니다.

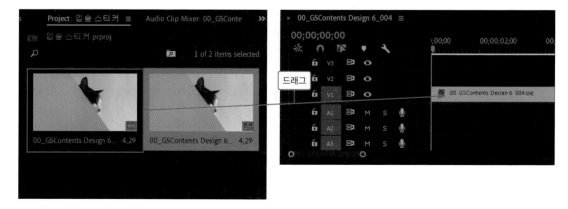

03 Project 패널을 더블클릭합니다. Import 대화상자가 표시되면 PART6 폴더에서 '06_E_11.png' 파일을 선택하고 〈열기〉 버튼을 클릭합니다.

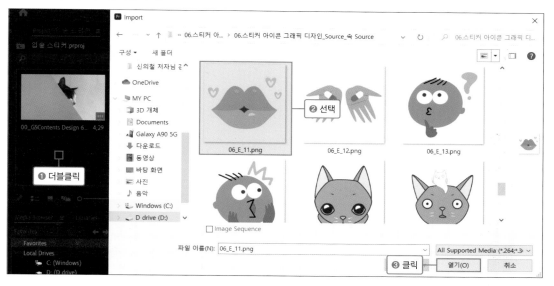

04 Project 패널에 소스가 위치합니다. Timeline 패널의 V2 트랙으로 드래그하여 소스를 편집할 수 있게 배치합니다.

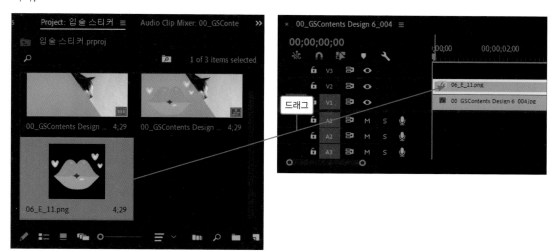

05 Timeline 패널에서 두 개의 클립을 선택합니다. 마우스 오른쪽 버튼을 클릭한 다음 **Replace With After Effects Composition**을 실행하여 애프터 이펙트와 연동합니다.

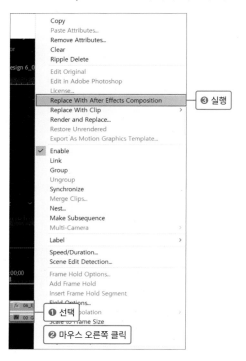

06 애프터 이펙트가 실행되면 Save As 대화상자가 표시됩니다. 애프터 이펙트 프로젝트를 원하는 위치에 저장합니다. 저장 위치를 지정하고 파일 이름을 입력한 다음 〈저장〉 버튼을 클릭합니다.

07 애프터 이펙트가 실행되고 선택한 클립들이 애프터 이펙트 화면에 표시됩니다.

08 Timeline 패널에서 '06_E_11.png' 레이어를 선택합니다. 상단의 Tools 패널에서 퍼핏 핀 도구(★)를 선택한 다음 Composition 패널의 화면을 클릭하여 그림과 같이 점을 찍습니다.

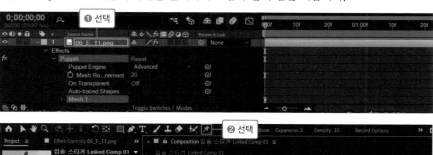

09 시간 표시자를 드래그하여 '0:00:00:20'으로 이동합니다. 노란색 점을 안쪽으로 드래그하면 그림과 같이 입술 모양을 변형할 수 있습니다.

10 시간 표시자를 드래그하여 '0:00:01:20'으로 이동합니다. 노란색 점을 바깥쪽으로 드래그하여 그림과 같이 입술 모양을 원래대로 만듭니다. 시간 표시자를 옮겨가면서 과정을 반복하면 퍼핏 애니메이션을 만들 수 있습니다.

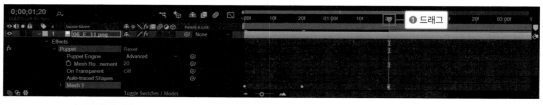

TIP ● 이미지에 핀을 고정시키고 고정한 부분을 제외한 나머지 부분이 움직이는 애니메이션을 '퍼핏 애니메이션'이라고 합니다.

▲ 퍼핏 핀 도구를 활용하여 입술 모양을 더 벌어지게 조절

11 애프터 이펙트를 저장하고 종료하면 프리미어 프로에 애프터 이펙트에서 작업한 내역이 반영됩니다.

프리미어 프로 &
영상 편집 패턴 300

2021. 4. 30. 1판 1쇄 인쇄
2021. 5. 7. 1판 1쇄 발행

지은이 │ 모온 컴퍼니
펴낸이 │ 이종춘
펴낸곳 │ BM (주)도서출판 **성안당**

주소 │ 04032 서울시 마포구 양화로 127 첨단빌딩 3층(출판기획 R&D 센터)
     │ 10881 경기도 파주시 문발로 112 파주 출판 문화도시(제작 및 물류)

전화 │ 02) 3142-0036
     │ 031) 950-6300

팩스 │ 031) 955-0510
등록 │ 1973. 2. 1. 제406-2005-000046호
출판사 홈페이지 │ **www.cyber.co.kr**
ISBN │ 978-89-315-5736-7 (93000)
정가 │ **23,000원**

이 책을 만든 사람들
책임 │ 최옥현
진행 │ 김해영
기획·진행 │ 앤미디어
교정·교열 │ 앤미디어
본문·표지 디자인 │ 앤미디어
홍보 │ 김계향, 유미나, 서세원
국제부 │ 이선민, 조혜란, 김혜숙
마케팅 │ 구본철, 차정욱, 나진호, 이동후, 강호묵
마케팅 지원 │ 장상범, 박지연
제작 │ 김유석

■ **도서 A/S 안내**

성안당에서 발행하는 모든 도서는 저자와 출판사, 그리고 독자가 함께 만들어 나갑니다.
좋은 책을 펴내기 위해 많은 노력을 기울이고 있습니다. 혹시라도 내용상의 오류나 오탈자 등이 발견되면 **"좋은 책은 나라의 보배"**로서 우리 모두가 함께 만들어 간다는 마음으로 연락주시기 바랍니다. 수정 보완하여 더 나은 책이 되도록 최선을 다하겠습니다.
성안당은 늘 독자 여러분들의 소중한 의견을 기다리고 있습니다. 좋은 의견을 보내주시는 분께는 성안당 쇼핑몰의 포인트(3,000포인트)를 적립해 드립니다.
잘못 만들어진 책이나 부록 등이 파손된 경우에는 교환해 드립니다.